赵剑英　主编
Zhao Jianying　Editor

理解中国丛书
Understanding China Series

Why Is China Stable? Stories from the Grassroots

中国何以稳之

来自田野的观察与思考

阎小骏　著
By Yan Xiaojun

中国社会科学出版社
CHINA SOCIAL SCIENCES PRESS

图字：01-2017-7261号

图书在版编目（CIP）数据

中国何以稳定：来自田野的观察与思考/阎小骏著. —北京：中国社会科学出版社，2017.10（2023.2重印）

（理解中国丛书）

ISBN 978-7-5203-1235-6

Ⅰ.①中…　Ⅱ.①阎…　Ⅲ.①社会主义建设模式—研究—中国　Ⅳ.①D616

中国版本图书馆CIP数据核字（2017）第255576号

本书中文简体字版本由三联书店（香港）有限公司授权中国社会科学出版社在中国内地独家出版、发行。

出 版 人	赵剑英
项目统筹	王　茵　孙　萍
责任编辑	王　茵
特约编辑	赵　丽
责任校对	朱妍洁　韩天炜
责任印制	王　超

出　　版	中国社会科学出版社
社　　址	北京鼓楼西大街甲158号
邮　　编	100720
网　　址	http://www.csspw.cn
发 行 部	010-84083685
门 市 部	010-84029450
经　　销	新华书店及其他书店
印刷装订	北京君升印刷有限公司
版　　次	2017年10月第1版
印　　次	2023年2月第3次印刷
开　　本	710×1000　1/16
印　　张	15
插　　页	2
字　　数	181千字
定　　价	48.00元

凡购买中国社会科学出版社图书，如有质量问题请与本社营销中心联系调换
电话：010-84083683
版权所有　侵权必究

《理解中国》丛书编委会

编委会主任：王伟光

编委会副主任：李 扬 李培林 蔡 昉

编委会成员（以拼音字母为序）：

卜宪群 蔡 昉 高培勇 郝时远 黄 平
金 碚 李 林 李培林 李 扬 马 援
王 镭 王 巍 王伟光 杨 义 赵剑英
周 弘 卓新平

主编：赵剑英

编辑部主任：王 茵

编辑部成员：孙 萍 朱华彬 喻 苗

出版前言

自鸦片战争之始的近代中国，遭受落后挨打欺凌的命运使大多数中国人形成了这样一种文化心理：技不如人，制度不如人，文化不如人，改变"西强我弱"和重振中华雄风需要从文化批判和文化革新开始。于是，中国人"睁眼看世界"，学习日本、学习欧美以至学习苏俄。我们一直处于迫切改变落后挨打、积贫积弱，急于赶超这些西方列强的紧张与焦虑之中。可以说，在一百多年来强国梦、复兴梦的追寻中，我们注重的是了解他人、学习他人，而很少甚至没有去让人家了解自身、理解自身。这种情形事实上到了1978年中国改革开放后的现代化历史进程中亦无明显变化。20世纪八九十年代大量西方著作的译介就是很好的例证。这就是近代以来中国人对"中国与世界"关系的认识历史。

但与此并行的一面，就是近代以来中国人在强国梦、中华复兴梦的追求中，通过"物质（技术）批判""制度批判""文化批判"一直苦苦寻求着挽救亡国灭种、实现富国强民之"道"，这个"道"当然首先是一种思想，是旗帜，是灵魂。关键是什么样的思想、什么样的旗帜、什么样的灵魂可以救国、富国、强国。一百多年来，中国人民在屈辱、失败、焦虑中不断探索、反复尝试，历经"中学为体，西学为用"、君主立宪实践的失败，西方资本主义政治道路的破产，"文化大革命"的严重错误以及20世纪90年代初世界社会主义的重大挫折，终于走出了中国革命胜利、民族独立解放之路，特别是将科学社会主义理论逻辑与中国社会发展历史逻辑结合在一起，走出了一条中国社会主义现代化之路——中国特色社会主义道路。经过最近三十多年的改革开放，中国社会主义市场经济快速发展，经济、政治、文化和社会建设取得伟大成就，综合国力、文化软实力和国际影响力大幅提升，中国特色社会主义取得了巨大成功，虽然还不完善，但可以说其体制制度基本成型。百年追梦的中国，正以更加坚定的道路自信、理论自信和制度自信的姿态，崛起于世界民族之林。

与此同时，我们应当看到，长期以来形成的认知、学习西方的文化心理习惯使我们在中国已然崛起、成为当今世界大国的现实状况下，还很少积极主动向世界各国人民展示自己——"历史的中国"和"当今现实的中国"。而西方人士和民族也深受中西文化交往中"西强中弱"的习惯性历史模式的影响，很少具备关于中国历史与当今发展的一般性认识，更谈不上对中国发展道路的了解，以及"中国理论""中国制度"对于中国的科学性、有效性及其对于人类文明的独特价值与贡献这样深层次问题的认知与理解。"自我认识展示"的缺位，也就使一些别有用心的不同政见人士抛出的"中国崩溃论""中国威胁论""中国国家资本主义"等甚嚣尘上。

可以说，在"摸着石头过河"的发展过程中，我们把更多的精力花在学习西方和认识世界上，并习惯用西方的经验和话语认识自己，而忽略了"自我认知"和"让别人认识自己"。我们以更加宽容、友好的心态融入世界时，自己却没有被客观真实地理解。因此，将中国特色社会主义的成功之"道"总结出来，讲好中国故事，讲述中国经验，用好国际表达，告诉世界一个真实的中国，让世界民众认识到，西方现代化模式并非人类历史进化的终点，中国特色社会主义亦是人类思想的宝贵财富，无疑是有正义感和责任心的学术文化研究者的一个十分重要的担当。

为此，中国社会科学出版社组织一流专家学者编撰了《理解中国》丛书。这套丛书既有对中国道路、中国理论和中国制度总的梳理和介绍，又有从政治制度、人权、法治，经济体制、财经、金融，社会治理、社会保障、人口政策，价值观、宗教信仰、民族政策，农村问题、城镇化、工业化、生态建设，以及古代文明、哲学、文学、艺术等方面对当今中国发展和中国历史文化的客观描述与阐释，使中国具象呈现。

期待这套丛书的出版，不仅可以使国内读者更加正确地理解100多年中国现代化的发展历程，更加理性地看待当前面临的难题，增强全面深化改革的紧迫性和民族自信，凝聚改革发展的共识与力量，也可以增进国外读者对中国的了解与理解，为中国发展营造更好的国际环境。

2014年1月9日

序[*]

在过去的数十年中，阎小骏教授始终孜孜不倦地在中国城乡开展极富开创性的田野调查研究工作。这部著作，将阎教授在其多年田野工作中所积累的宝贵所得汇集成编——其中绝大多数成果曾以英文在国际主要学术期刊上发表过，并获得学界认可；此次以繁体中文形式出版，必当引起广大华文读者的浓厚兴趣。对于任何真切关心中国基层政治动力及其对政权稳定之影响的人士而言，本书都理应是必读书目。

阎小骏所从事的极富前沿性的田野工作，一开始便集中于改革开放时代中国共产党为吸纳具有潜在不稳定可能的新型社会群体所进行的政治实践。中国共产党基层组织将农村私营企业主擢拔为村党支部书记即是这些实践中的一例。这些企业家型村支书的教育背景和从商经验都使他们比传统代的贫下中农干部更能适应改革开放时代中国基层变化了的政治、经济和社会环境。中国共产党的统一战线及其组织平台——人民政协，则是另外一个例子。统一战线和人民政协为国家和社会之间的政策协商提供了平台，亦为党和政府观察及有选择地

---

[*] 此为本书繁体版序言。

吸纳社会精英提供了渠道。在过去近四十年时间里，中国社会在改革开放的旗帜下经历了深刻变迁，也因之而孕育出各种具备潜在政治威胁性的新社会力量。充分理解和准确评估中国共产党识别、吸纳与化解这些新社会力量的能力，实乃了解中国政权韧性之关键环节。

政权巩固性的另一个紧要环节自然需从国家机器自身中寻找。近年来，阎教授的研究视界逐步从政治吸纳转移到政治控制，其聚焦点在于中国共产党和政府为了预先防范大学生和其他关键社会群体中可能出现的不稳定因素而逐步建设起来的社会面管控机制。在大学校园方面，阎小骏的研究展示了诸如政治辅导员、思想政治教育、学生社团管理以及敏感期管控等一系列重要措施如何有助于提高中国大学生群体的政治稳定度。而在农村地区——亦如阎教授所解析的那样——地方维稳系统更是由干部考核机制、潜在社会矛盾识别和管控机制、社会纠纷调处机制，以及不同层级、不同辖区的党政部门相互密切配合协调而构成的一个极为复杂的制度性网络。

阎小骏教授的新著在关涉中国共产党执政稳固性的一系列复杂而又相互重叠的关键问题上提供了广博而深刻的知见。在这方面，他所采用的研究方法与西方政治学家当前对于中华人民共和国的主流研究路径相当一致。尽管过去几代政治学家都曾试图将中国与其他发展中国家进行对比，这种对比当下恐怕已经绝少再被提及（唯一的例外是印度；印度与中国相似的人口和国土规模仍使学者们有兴趣对这两个亚洲大国的不同发展战略进行对比）。今天，无论是比较政治学学者还是中国政治专家都更可能将中国与其他过往或尚存的社会主义国家或者更广泛意义上的威权主义国家进行比较，以寻求解答关于政权适应性和政权韧性（而非经济发展的成功与失败）的诸多疑问。当下，如何解释中国政治体制所呈现出的非同寻常的稳固性，已经日益引起西方政治学家的广泛兴趣。一些西方学者（如 Sebastian Heilmann 和 Elizabeth J. Perry，Steven Levitsky 和 Lucan Way，以及 Daniel Koss 等）试图用中国共产党过去的革命战争经历来解释当前其强大的适应能力；另一些学者（如 Bruce Dickson，Kellee Tsai 和 Teresa Wright 等）则专注于新的社会力量——尤其是企业家群体，被成功吸纳进政治体制的不同方式和渠道；还有一些学者（如 Andrew Nathan 和 David Shambaugh 等）为中国共产党统治的灵活性和韧性提供了制度主义解释；亦有其他一些学者（如 Wang Yuhua 和 Carl Minzer 等）试图了解在 2008 年之后支撑中国安全体制的国家强制力量的运作机制。阎小骏的著作分别探究并充分确认了以上所有这些因素的重要意义。

本书揭示了当代中国共产党政治体制所具有的广泛的历史、制度和实践特征；毫无疑问，这些特质在维系中国政权超乎寻常的稳固性方面扮演着中心角色。我完全无意于否认或者轻视所有这些因素所发挥的极端重要的作用；但我还想就中国共产党治理的另外一个特征提醒大家的注意。我认为这个特质在支持中国政权稳固性方面亦扮演了主要角色，那就是：中国共产党具有创造性地运用从本国丰富的历史传统而来的各种象征性资源（symbolic resources）的高超能力。这种对象征性资源的娴熟运用使得整个政治体制在文化上与中国的民族主体形成共鸣。尽管新中国的政治制度和意识形态基本上是在共产主义革命过程中和胜利后完全从苏联引进的，但从毛泽东到习近平几代中国共产党领导人仍不断对之进行文化上的诠释和再诠释，以期令人感到这些制度和意识形态在本质上是"中国化"的。考虑到中国政治系统在 1949 年中华人民共和国成立前后的根本不同，我们似乎可以把新中国令人印象深刻的"文化管理"实践看作是英国历史学家 Eric Hobsbawm 所称之为的"被创造的传统"。毕竟，无论怎样，政治局常委会不是军机处,而中共中央总书记更不是一位现代社会的皇帝。尤其是从 20 世纪 20 年代的"红色革命"到 60 年代的"文化大革命",中国共产党一直在向旧中国的"封建"文化宣战。但即便如此,只要当下中国人民继续认为他们的政治体制在文化意义上而言是令他们感到熟悉和内生的——而非从外国移植而来,公众对于政权的支持度就会大大巩固。这个情况与东欧前社会主义国家正好相反:在 1989 年,正是因为波兰、捷克斯洛伐克、匈牙利和其他一些地方的政权被人们视作是由苏联红军在第二次世界大战后移植而来,民众最终在文化和政治双重方向上开始疏离政府,而这些政权也因此未能逃过失败的命运。

新中国则始终致力于把自己定位为中国五千年灿烂文化最正当的继承者和保护者。尽管中国共产党曲折的革命历程往往使得其在继承和保护传统文化方面时或力有未逮,但中国共产党的领导层和理论家经常表示要从过去的文化传统中吸取养分以处理党目前所面临的挑战——这些重要的政治表态是不能被简单忽略的。毕竟,专制皇权治下的中国是世界史上生命力最为长久的威权主义政治体系;而皇权时代的中国显然为现代威权主义政权的韧性提供了极为丰富的参考经验。

历史学家们认为,中国的皇权政体得以长期存在的一个关键原因,即在于由儒家科举考试孕育而生的国家与学者群体之间强大的文化和制度联系。因此,当我们发现当下的中国共产党仍相当专注于通过国家赋予的各种物质和非物质利益来赢得大学学生和教授们的支持时,或许应无需感到惊讶。传统中国政治稳定的一个重要标志就是对地方缙绅的吸纳;与此相似,通过中国共产党的基层领导岗位或者人民政协平台来拉近党和政府与地方社会精英之间距离的实践,亦反映了中国共产党和国家清楚认知到精英吸纳对于政权稳定的积极作用。江泽民的"三个代表"重要思想强调把成功企业家吸收到党内的重要价值，也在实际上为中国共产党重新开启社会整合（societal cooptation）的实践提供了可能性——这在相当程度上借鉴了中国传统政治体制得以稳定传承两千多年的重要经验。

中国当前的经济放缓，再加上政治上的不稳定因素，也对未来的政权巩固性提出了新的挑战。但新中国至今近七十年的发展历程——特别是在与一些威权主义政权的生命周期相比较时——仍然显得十分夺目。事实是，与其他政权不同，中华人民共和国在过往几十年间书写了经济和社会成就的辉煌纪录，这包括但不限于不断提高的识字率和人均预期寿命、世界第二大经济体的地位、世界领先的交通基础设施等。这些成就令中国政治体制的稳固性显得更加引人注目。阎小骏的著作让我们能够更好地理解中国共产党和国家之所以能够获得这些辉煌成就背后的制度原因。他冷静而又清醒的分析源自在不同地理区域和行政层级所进行的极为深入和极富原创性的田野工作，为当前主流的政治韧性理论增加了新的实证证据和新的理论阐释。同时，他所提出的中国共产党和政府以政治吸纳（国家弹性）和政治控制（国家刚性）二元一体为标志的独特政治实践，定会促使和鼓励学界同仁对此进行更加深入的比较研究——这不限于中国与其他社会主义或威权主义政权之间的比较，亦包括当代中国政治体制与中国的传统政治体制及实践之间的比较研究。

我非常高兴亦非常荣幸地早在阎小骏于哈佛大学政府系（Department of Government）攻读博士学位时便已结识他。当我们第一次见面时，我就非常清楚地感知到阎小骏所拥有的如刀锋一般锐利的思想，以及他对其祖国未来发展前景的深刻关怀。这两方面的特质都得以在本书中非常突出地表现出来。阎教授的作品将关于中国政治的第一手知识和世界前沿的社会科学理论紧密结合起来，因而得以回答我们时代最重大的问题之一：中国共产党究竟如何在快速而深刻的经济和社会转型中保持了总体政治稳定？而对于任何一个若非如此巩固的政权来讲，这些深刻的经济与社会转型都将会是致命的。阎小骏教授给出的答案来自于他长年不懈的田野调查研究，应该受到中国内外任何关心这个国家政治前途的读者的高度重视。本书的出版将阎小骏教授里程碑式的论著以中文形式呈现在读者面前，这正当其时，也必将裨益学界。

裴宜理（Elizabeth J. Perry）

哈佛大学亨利·罗佐夫斯基政治学讲席教授

哈佛燕京学社社长

2016 年 11 月于麻省坎布里奇

目　录

绪论　中国何以稳定：来自田野的观察与思考 ………………… (1)
　"第二个奇迹" ……………………………………………………… (1)
　转型与稳定 ………………………………………………………… (4)
　国家的弹性与刚性 ………………………………………………… (7)
　政权吸纳 …………………………………………………………… (10)
　预防性管控 ………………………………………………………… (12)
　学习型政权 ………………………………………………………… (13)

第一章　从致富能人到村党支部书记：中国共产党如何在农村地区吸纳"先富阶层"？ ………………………………… (19)
　中国农村的治理阶层 ……………………………………………… (21)
　从致富能人到村支书 ……………………………………………… (25)
　谁是致富能人？ …………………………………………………… (31)
　政治资本：致富能人村支书的权力之路 ………………………… (38)
　为何先富阶层人士愿意担任村支书？ …………………………… (42)
　新乡村政治 ………………………………………………………… (47)

结语 …………………………………………………………… (49)

第二章　政权吸纳的政治意义：人民政协如何巩固中国共产党的执政基础？ …………………………… (52)
地方人民政协在改革开放时代的复兴 ……………………… (55)
遴选政协委员 ………………………………………………… (58)
地方人民政协的职能 ………………………………………… (63)
结语 …………………………………………………………… (78)

第三章　市场经济下的参与式治理：村民代表会制度如何改善中国农村治理素质？ ………………………… (79)
旧制度 ………………………………………………………… (80)
改革 …………………………………………………………… (84)
推动力 ………………………………………………………… (91)
税收和代表性 ………………………………………………… (100)
结语 …………………………………………………………… (104)

第四章　改革开放时代的统一战线：中国共产党如何构建社会各阶层的政治联合？ ………………………… (107)
政权安全的制度主义解读 …………………………………… (107)
统一战线的原则与实践 ……………………………………… (109)
改革开放时代统一战线的范围 ……………………………… (113)
组织结构 ……………………………………………………… (119)
改革开放时代统一战线的功能 ……………………………… (123)
结语 …………………………………………………………… (128)

第五章　构建稳定秩序：中国共产党如何维护大学校园的政治安定？ ……………………………………(130)

　　政权与管控………………………………………………(132)

　　组织基础…………………………………………………(137)

　　校园管控…………………………………………………(143)

　　结语………………………………………………………(158)

第六章　预防性管控与基层社会稳定：华东某县的社会面管控工作调查 …………………………………………(161)

　　社会面管控………………………………………………(162)

　　指挥链……………………………………………………(165)

　　潜在不稳定因素…………………………………………(168)

　　稳定之网…………………………………………………(176)

　　结语………………………………………………………(191)

结语　立足田野的"中国故事" ……………………………(194)

附录　杂论四则 ………………………………………………(200)

　　提高政府执行力四策……………………………………(200)

　　建设责任政府……………………………………………(204)

　　继续"中国奇迹"必须加快用工改革 …………………(205)

　　青年一代应直面并超越历史……………………………(208)

索　引 …………………………………………………………(212)

后　记 …………………………………………………………(220)

绪　论

中国何以稳定:来自田野的观察与思考

◇ "第二个奇迹"

国内外的学者和观察家们常把过往近四十年的时间里中国所经历的复杂而深刻的变革称作"中国故事"。于世界而言,要观察和讲述自20世纪80年代开端的这一炫目的"中国故事",则必须解释其中两个最关键的"中国奇迹":经济腾飞和政治稳定。前者,当然是指近四十年间中国社会经济的超常规高速发展,亦即1978年中国共产党十一届三中全会以来,世界共同目睹的中国总体经济的飞速增长和人民生活水平的急速提高。在短短不到四十年的时间里,中国的经济起飞复杂而多面:既有数量上的惊人增长,亦有质量上的不断提升,更有结构上的优化调整,还有人民生活方式和社会组织方式的稳步现代化。综括而言,"中国故事"里的第一个奇迹,亦即经济社会奇迹,至少包含在三个层面上几乎同时发生的重要转型。

第一个转型是国民经济体量跃升,即中国由一个世界上极为落后、所谓"一穷二白"的极不发达经济体,在较短时间里转变成为一个实现了工业化和基本现代化的世界第二大经济体,并构成当今世界经济格局中的重要一极。在外交和国际关系层面，中国也逐渐从原先积贫积弱、落后挨打，或说在冷战时期大国角力的夹缝中生存的状态，逐渐走向国际政治、经济和外交舞台的中心位置。随着经济体量的迅猛增长，进入新阶段的中国经济亦开始面临新的、前所未有的挑战，譬如：进一步改革和发展有可能失去动力、经济增长速度有可能从高速期进入相对平稳期、贫困人口有可能出现世代固化、经济社会进步有陷入所谓"拉美陷阱"的可能、原有经济和产业结构面临升级换代的迫切需求，等等。总之，中国总体经济由极不发达状态向小康、中等发达和发达状态的迅速迈进，既体现了中国近四十年改革开放所释放出的巨大能量，也为中国共产党在 21 世纪的治国理政提出了诸多全新的、极为关键和亟待解决的核心课题。

中国社会经济奇迹所包含的第二层次的变革是体制转型，即中国的经济体制由一个苏维埃式的中央计划经济体制循序渐进地转型为社会主义市场经济体制，由现代法制体系规管的市场逐步取代旧式的各级计划官员调控中国经济活动的机制。市场经济体制的确立，为中国经济开辟了全新的空间、提供了源源不绝的推动力，降低了交易成本，优化了资源配置，史无前例地促进了中国人智慧和创新能力的迸发；但另一方面，市场经济转型也逐步改变着中国共产党治国理政所面临的国内外环境。在社会资源的分配实现了多元渠道、政府对经济资源的控制不再处于绝对优势地位，以及市民社会不断成熟、人民的私有权利意识不断增长的条件下，新的市场经济环境造就了更为复杂多元的利益格局，而党和政府在计划经济时代介入、调整和解决社会矛盾冲突的手段和方式也随之亟待创新。可以说，市场经济转型所带来的绝不仅仅是生产和流通效率的增长，同时也意味着中国共产党需要探索如何在新的市场经济条件下处理矛盾冲突、管理社会力量、提供公共服务以及维护政治稳定——这些不言而喻都是极为艰巨的任务。

中国社会经济奇迹所包含的第三层次的转型则是社会结构转型和人民生活现代化，亦即中国社会由传统的、以农业经济为主体的社会组织形态，逐步转变为以知识经济为基础、以城镇中产阶级为主体的现代化社会。这一层次的转型目前还处在快速推进的过程之中。随着人均收入的不断增高，中国居民的生活水平稳步提升，人民的生活方式和社会生活的组织方式也不断朝向现代化方向转型。国民经济结构中信息产业、服务产业的比重不断增长。今天，中国社会的信息化、城镇化和现代化程度正在不断加深，原有以小农生活方式为主体的社会形态，已朝向现代化社会迈进；这一深刻的转型不断重新定义中国社会中人与人之间的关系、个人与国家之间的关系，乃至社会与国家之间的关系。随着国民经济的迅速成长和人民生活的日益改善，中国社会原有的分层结构也急速演化：新的社会阶层不断涌现、中产阶级开始壮大，而解决了基本温饱问题的人民开始产生新的政治、经济和社会权利诉求。社会组织形态和生活方式的结构性变革，也促使人们自然而然地对政府治理提出全新的要求。

"中国故事"中的第一个奇迹——"经济社会奇迹"，是过往三十多年中国发展历程的绚烂篇章，中国经济的体量跃升、体制变革和结构转型引起了世界的注目和国内外政学各界的高度关注。但是，在夺目的中国经济奇迹背后，人们往往忽视的却是"中国故事"中另一个同等重要，却亟待解释的现象，即面对如此复杂、剧烈而又深刻的社会经济变革大潮，以及动荡不安的国际政治环境，中国共产党究竟如何保持国家基本政治秩序和社会生活秩序的总体稳定？这个令西方学者感到迷惑不解的独特现象——中国在经济社会格局急速变动下国家基本政治社会秩序的安全和稳定,正是笔者凭借过往十余年来在中国基层社会所进行的大量田野调查研究所试图解释的"中国故事"中的"第二个奇迹"。

◇ 转型与稳定

传统西方政治学理论对于发展中国家在剧烈社会变革中保持社会政治秩序稳定的能力从来不抱乐观态度。西方政治学家们往往认为:首先,剧烈的社会经济变动必然改变发展中国家政权对社会和人口施行有效治理的内外环境。快速的经济成长、急速的现代化或城镇化无一例外会对既有的社会结构、阶级结构和主流意识形态造成极大冲击;社会经济层面的剧烈变化和随之而来的利益关系调整,会极大地加剧国家和社会之间的张力和摩擦,并不断加深两者之间的紧张关系。同时,传统政治学认为发展中国家往往在国家能力上存在"短板"。国家治理能力的不足,使得政权在适应剧烈社会经济变化方面的行动裕度有限;这种能力欠缺反映在日常政治层面上,往往就表现为政府在面对社会的结构与利益诉求的快速变化时往往措手不及、行动迟缓,致使矛盾激化、政权认受性受损,最终威胁到国家总体政治的平稳有序;甚至在大规模群众运动来临时应接不暇、进退失据,最终造成政权倾覆、社会动荡。

因此,在西方政治学看来,发展中国家的高速经济增长势将无可避免地伴随着政治动荡、社会撕裂、国家失能、革命浪潮和政权易手;经济发展与政治稳定似乎是永远不可并肩而行的两个相互排斥的过程,整个20世纪西方的理论和实践似乎也未能为此提供成功的解决方案——对西方政治学来说，在急速变化的社会经济条件下保持社会政治稳定乃是人类一道恒久的难题。

的确，世界历史表明，经济社会的高速发展对于既有政治秩序的影响是基础性的，但同时又是具有威胁性的。无论是经济腾飞、现代化还是市场经济改革，这些重要的经济社会转型往往都带来社会阶层关系的急遽变化、利益的重新分化组合、社会组织方式的重整，转型过程中不断涌现的新的阶级阶层和压力团体在政治版图上的日益跃升，新的经济诉求、文化诉求、政治诉求日益多样，新形式的大规模群众运动不断获得新的集结机会和空间，新的价值体系和政治论述也初现端倪。同时，对外开放和市场转型也必然导致政治国家既有的、赖以实施管治的资源基础发生变化。简而言之，当政治国家无法再完全控制人民的衣食住行，政权也日益需要因应新的权力基础，对旧有的控制手段、管治方式和政治话语进行适时的调整和革新。经济、社会的全球化和政治国家主动的对外开放也必然带来外部世界对国内政治影响和干预的常态化，以及外来价值观体系的传播和对既有意识形态和国家文化格局的侵袭。这些新的变化，都无可避免地对政治国家及其维护的政治秩序带来巨大威胁，政治不稳定成为处于经济社会快速转型时期的发展中国家的常态。这正如卡尔·马克思（Karl Marx）在1859年《〈政治经济学批判〉序言》中所指出的那样：

> 物质生活的生产方式制约着整个社会生活、政治生活和精神生活的过程。不是人们的意识决定人们的存在，相反，是人们的社会存在决定人们的意识。社会的物质生产力发展到一定阶段，便同它们一直在其中活动的现存生产关系或财产关系（这只是生产关系的法律用语）发生矛盾。于是这些关系便由生产力的发展

形式变成生产力的桎梏。那时社会革命的时代就到来了。随着经济基础的变更，全部庞大的上层建筑也或慢或快地发生变革。①

正因为如此，中国共产党如何在20世纪80年代以来急速的经济基础转型变动中成功保持上层建筑的高度适应性和国家基本政治秩序的总体稳定性，就成为了国际学术界急于寻找答案的重要疑问。作为21世纪全球规模最大、发展最快的发展中国家，中国究竟如何在经济腾飞、现代化转型和市场经济转轨"三管齐下"的大变动时代保证国家政权的安全和政治社会秩序的安定？中华人民共和国政府又如何在大规模社会经济变化的过程中保持和不断提高国家能力（state capacity）和治理水平，有效防止大规模、颠覆性群众运动的产生？中国共产党和中国政府如何适应和应对现代化和市场化转型大潮所产生的一系列前所未有的新挑战和新课题？在全球范围内"反体制"的青年运动不断高涨的形势下，中国共产党和政府如何处理自己与国家新的一代年轻人之间的相互关系？如何保持青年群体对政治国家的支持和共融？以及中国对面临全球化和互联网革命时代多方压力的国内社会结构和社会组织形态如何进行有效治理，并保证由庞大人口组成的国内社会的长治久安？

一方面，在21世纪的第一个十年中，从东欧、中亚到中东地区，以"颜色革命"和"阿拉伯之春"为名的反政府运动浪潮给有关各国政权带来了巨大的冲击；革命浪潮过后，政权易手、社会纷乱、战乱频仍。同期，逐渐高涨的激进伊斯兰宗教势力、恐怖主义势力和分离主义势力对包括中国在内的全球各国形成日益严重的日常威胁。从

---

① 卡尔·马克思：《〈政治经济学批判〉序言》，载《马克思恩格斯选集》第二卷，人民出版社1972年版，第82—83页。

巴黎到安卡拉，从伦敦到新德里，世界总体政治环境在内外因素影响下处于很不平静、极不稳定的状态。另一方面，奥巴马时期美国的"重返亚洲"政策以及特朗普主义下美国内外政策的不确定性，更进一步加深了全球政治、外交和军事形势的不稳定程度。在如此动荡的全球政治和外交环境下，中国得以保持国内政治的安定和政权的巩固显得尤其引人注目。中国共产党和中国政府在21世纪初内外政治、经济和社会环境大分化、大改组和大变动的时代保持政权稳定和社会安定的奥秘，是笔者通过田野调查研究所要讨论的核心议题。与1978年以来中国经济腾飞的奇迹一样，这个政治上的奇迹理应是21世纪"中国故事"中不可或缺的重要组成部分。

◇ 国家的弹性与刚性

在经济社会大变动的时代保持国家基本政治秩序的稳定并非历史的必然选项。从20世纪70年代所谓民主化的"第三次浪潮"开始到21世纪初期的"颜色革命"和"阿拉伯之春"，在过去半个多世纪中，世界上不少发展中国家的政权或者始终处于极不稳定状态，或者深陷于稳定与不稳定状态交相出现的泥沼，基本的社会政治秩序始终无法确立，政治稳定成为天方夜谭。在这差不多半个世纪的时间里，如同塞缪尔·亨廷顿（Samuel P. Huntington）所曾总结（和预言）的那样，第三世界国家政权更迭始终以浪潮形式出现。20世纪七八十年代的"第三波"民主化、90年代初期的苏联解体东欧剧变、21世纪初发生在中亚、北非等地的大规模、集群式街头政治运动等，都导致相关国家政权倾覆、政府崩溃、社会动荡。在另一些发展中国家，如索马里、伊拉克等国，情况则是合法有效的政权无法建立，国家对社会处于失控状态，被西方学界称为"失败国家"。因此，在旧有阶层关系重构、新的利益诉求勃兴、社会价值体系转型、外部政治环境动荡的条件下，如何适应新的环境、稳妥进行政权建设，维护国家基本政治秩序的稳固，是 21 世纪发展中国家需要共同面对的各种纷繁复杂的政治问题的中心议题。

在大时代中进行政权建设、维护国家基本政治秩序的稳定，需要处理的问题和面对的挑战五花八门。但总体而言，有三个方面的挑战最具关键性。政权是否能够以高度的政治智慧、精心的顶层设计和有效的政策推进来应对这三方面的挑战，直接决定国家稳定的政治秩序是否能够得到保证、社会的长治久安是否能够得到维系。在这三方面挑战中，首要的就是在急速变化的社会阶级阶层格局下，政权如何保持、扩大和更新政权赖以存在的社会支持和执政基础；第二，在不断活跃的社会力量和不断涌现的新的利益诉求下，政权如何有序地扩大政治参与，将越来越多的新旧社会力量有机融合进国家的治理结构之中；第三，则是因应新的社会结构变局，政权如何管控好潜在的反对力量、不稳定因素和适当处理足以引起大规模、颠覆性社会运动的突发事件，以及在旧有的管理结构和控制办法逐渐不再适应时代要求的情况下，如何建立和重构新的治理体系，以延续和保障国家对社会的足够掌握度，以及协调国家与社会关系运行的和谐有序。这三大挑战，是在社会经济大变动时代政治国家所需要应对和处理的中心问题。

本书通过深入观察和审视中国自 21 世纪以来在政权建设和维护国家基本政治秩序稳定方面的制度、办法和创新，所力图揭示的正是在经济社会大变动时代中如何保持国家基本政治秩序稳定的中国方案。这个具有鲜明中国特色的方案内容丰富，既有顶层设计的政治理性，又有"摸着石头过河"式的实践智慧；既有政权自身因应时代变化的自我革新与展拓，也有针对潜在破坏因素的甄别、预防与管控。正如《诗经·大雅·文王》中的诗句所讲的那样，"周虽旧邦、其命维新"。中国虽然是古老的文明邦国，但永远不会在守旧和故步自封中灭亡，只会在顺应时代潮流、不断改革自身中日新。

总体而言，在这个维护政权安全和政治稳定的中国方案里，最重要的两个组成部分就是：政权吸纳和预防性管控。前者，笔者称之为国家的"弹性"；后者，则称之为国家的"刚性"。中国得以在过往三十多年的时间里保持社会政治的基本稳定，根本经验就在于正确处理和适时调整国家弹性与刚性这两方面的辩证统一关系。政权吸纳不断更新政权的社会基础，扩大体制的边界，鼓励参与式公共治理，促进国家与社会的协调和交融，真正夯实政权稳定的社会基石。预防性管控，则是通过制度化的措施，发现、识别、干预和控制社会经济大变动时代在社会层面上不断涌现的对政权的潜在挑战力量和潜在破坏因素，并把它们对国家基本政治秩序的负面影响控制在最低程度。正如中共中央总书记、国家主席习近平在2016年4月谈到网络安全问题时曾指出的那样，"要知道风险在哪里，是什么样的风险，什么时候发生风险，正所谓'聪者听于无声，明者见于未形'"[①]。中国共产党和政府在21世纪政权建设上对国家"弹性"和"刚性"两方面的高度重视，以及在维护基本政治秩序稳定的实践中能始终做到"政治吸纳"与"预防性管控"双管齐下，最终得以在经济社会大变动时

---

① 习近平：《在网络安全和信息化工作座谈会上的讲话》，2016年4月19日，新华社北京4月25日电，资料来源：http://www.cac.gov.cn/2016-04/25/c_1118731366.htm（访问日期：2017年2月19日）。

代有效保持国家基本政治秩序的稳定,这应当是"中国故事"里第二个奇迹的奥秘之所在。

◇ 政权吸纳

因此,本书的前四章集中讨论国家弹性问题,重点则是中国的政权吸纳机制。这部分撷取并剖析中国政治运行中的四个极为重要,但过往未曾被国际学界所重视的精彩截面——党对致富能人(新社会阶层)的吸纳、人民政协制度、基层参与式治理实验和统一战线制度——来探讨中国共产党和政府如何在经济社会转型中始终注重保持政权的高度弹性,通过政治吸纳不断扩大党的执政基础、维护党与社会各阶层的密切联系,建立维护跨越阶级阶层的政治联合,以及通过鼓励参与式治理来应对党和政府在市场经济条件下基层权力基础的变化,以巩固自身执政基础、提高治理素质,最终保持国家的长治久安。这四个截面所共同反映的,是中国共产党和政府在新时期崭新社会经济条件下如何保持自身的高度适应性和国家弹性,以积极学习、与时俱进的姿态进行不间断、创新式的政权建设,从而构筑起国家稳定的基石,为中国经济社会进一步发展和现代化提供最根本的政治保障。

本书前四章所讲述的四个故事,包括中国共产党如何吸纳在市场经济转型中涌现的农村私营企业主和其他致富能人,党如何通过人民政协制度联系和巩固自身与党外社会阶层代表人士的合作,党如何通过村民代表会这一参与式创新治理形式来适应其权力基础在基层农村社区的重大变化,以及党如何在改革开放时期通过创造性使用"统一战线"这个革命战争时期的法宝和工具来构建和推动社会各阶层的政治大联合。这些观察和思考，目的正在于要探讨中国共产党和政府如何通过积极发挥国家弹性来维护政治稳定和执政安全的问题。

私营企业主和致富能人是改革开放时期在中国城乡涌现出来的新生事物，也被传统政治学认为是在社会主义国家既有政治体制之外新兴的、具有潜在反体制威胁性的社会力量。中国共产党大胆鼓励这些新生力量走上党的基层组织的核心领导岗位，倡导他们引领民众致富、造福乡梓，从而真正发挥党组织的先锋模范作用，这是非常值得重视的政治现象，反映了中国共产党在组织形态上具有不同于一些其他政权体制的高度开放性、包容性和体制弹性。在社会经济急速变化的大时代里，中国共产党一方面积极摆脱僵化意识形态的束缚，另一方面善于运用具有中国特色的政治机制如人民政协、统一战线等，来扩大和巩固自身的执政基础，建立和领导跨阶层的政治联盟，从而维护国家基本秩序的安全和平稳。

同时，随着市场经济转型，党和国家赖以治理中国庞大人口和复杂社会的政治、经济和社会资源都发生了根本性变化。在农村，当国家不再绝对控制农作、收成、分配、人口移动、村办企业等民众生产和生活的重要活动和核心资源，甚至传统的基层公共财政来源都出现枯竭时，如何维系党和政府对基层社区的领导和治理，以及向基层社会提供足够的公共品就成为前所未有的挑战。本书中以村民代表会制度为例的相关研究反映了地方党和政府领导人如何因应这种时代变化、探索新的参与式治理机制，为党在市场经济条件下实现对社会的有效管理和服务开辟了新的思考和实践的空间。

总体而言，本书前半部分从精英吸纳、阶层联合、参与式治理及政治同盟四个维度，全面检视了中国政治体制的灵活吸纳性和高度弹性，也揭示了中国共产党所具有的与时俱进、从实践中学习的精神是其在大时代中得以保持国家政权稳定的奥秘。

◇ 预防性管控

政治秩序是现代政治国家的永恒主题。亨廷顿在1968年曾写道："国家间最重要的政治区别，并不是政府的形式，而是管治的效度。"（The most important political distinction among countries concerns not their form of government but their degree of government.）要实现国家对社会的有效管治，除充分发挥国家的弹性优势外，也离不开对国家刚性力量的合理运用。本书的第五章和第六章，正是集中探讨国家刚性的一面，重点是研究中国共产党和政府为了维护大学校园政治秩序安定和多元利益下中国基层社会的稳定，而分别采取的不同形式的预防性管控措施。

从20世纪90年代的东欧剧变到21世纪初的"颜色革命"，近三十年以来发生在世界范围内的颠覆性群众运动，几乎无一不以接受高等教育的大学生群体为主要力量之一，以反政权为目的、由新媒体网络所动员起来的激进青年运动成为21世纪有关各国非暴力群众运动的主体。在中国，社会也曾经历以大学生群体为主要参与者的20世纪80年代的一系列学生运动和1989年的"政治风波"。因此，如何在社会经济急速变化的条件下管理大学生群体、确保大学校园的秩序平稳应当是政权建设的重中之重。本书第五章即以中国的一所省属大学为基础标本，综合在其他重点大学的田野调查研究，检视了中国共产党和政府如何以扎实有效的预防性管控体系，维护20世纪90年代以来大学校园和大学生群体的总体政治安定。特别是联系21世纪初发生在中国香港特别行政区和台湾地区的以大学生、中学生为主要力量的"占领中环"和"太阳花"运动，中国共产党和政府对内地大学校园实施积极的预防性管控的成果更显得难能可贵。

"郡县治、天下安"。本书第六章转而深入探讨中国北方某县在县一级所建立的以公安队伍为主的基层社会面管理和防控体系，并检视这一体系在日常政治和社会中的实际运行规则和形态。在中国共产党的组织结构和中华人民共和国国家政权结构中，"县一级处在承上启下的关键环节，是发展经济、保障民生、维护稳定的重要基础"①，正所谓"基础不牢、地动山摇"。县域预防性管控的效度和力度对于维护国家基本政治秩序的安全和稳定具有关键性和基础性的作用。因此，本章虽将观察的目光从大学校园转移到基层乡镇，但党和政府在两个不同场域中所面临的挑战却是一致的，即：在社会经济大变动的时代中如何以预防式的管控机制维护社会政治基本秩序的稳定，并有效识别和防控由历史和现实所引致的各种潜在不稳定因素对政治稳定和政权安全造成的破坏。正如习近平所指出的那样，"发展是硬道理，稳定也是硬道理，抓发展、抓稳定两手都要硬"。②

◇◇ 学习型政权

本书的两个部分虽然分别讨论中国政权的国家弹性和国家刚性这

---

① 习近平：《在会见全国优秀县委书记时的讲话》，2015年6月30日，资料来源：http：//www.qstheory.cn/dukan/qs/2015 - 08/31/c_1116400149.htm（访问日期：2017年2月19日）。

② 新华社北京9月19日电：《习近平会见全国社会治安综合治理表彰大会代表》，http：www.gov.cn/xinwen/2017 - 09/19/content_5226189.htm（访问日期：2017年10月19日）。

两个不同侧面,但采取的都是笔者称之为"学习型政权"的观察视角,即:政治国家如何在社会经济大变动的时代,通过不断对内观察研判和对外学习吸收来进行自身的调整、适应和创新,既以高度灵活的姿态充分发挥国家的弹性优势、不断扩大政权边界、吸纳各种新旧社会阶层进入体制、增强自身执政基础和社会支持基础,又以高效果敢的态度,充分、有效使用政权的刚性力量,以预防性管控机制,保持国家对社会的有效治理,监督、识别和防止潜在反对势力和不安定因素发展成为具有公开破坏性和颠覆性的反政权力量。"张而不弛,文武弗能也;弛而不张,文武弗为也。一张一弛,文武之道也。"①中国共产党和政府在社会经济大变革的时代得以保持政权安全和国家基本政治秩序的稳定,关键就在于能够以高度适应性和学习能力顺应时代变化,有效掌握并运用国家弹性和刚性两个方面的平衡力量,最终达致确保政治稳定的目标。

自中华人民共和国于 1949 年成立以来,中国经历了复杂、深刻而又多面的不间断转型。无论是从半殖民地半封建社会转变为独立自主的社会主义国家,还是从集中统一的中央计划经济转型为开放多元的市场经济体制,又或者从封闭和半封闭的传统落后社会走向充满活力和发展动力的现代化社会,这些不同转型所引起的经济社会层面的根本性变革,都不断为党和政府维护国家基本政治秩序稳定的任务提出新的挑战和课题。自 20 世纪 90 年代以来,中国共产党尤其重视处理好"改革""发展"和"稳定"这三个要素之间的相互关系;而其中的重中之重,则是如何通过向实践学习、向外部世界和人类文明的一切成果学习,冷静研判、理性设计,通过改革和创新来回应在社会

---

① 《礼记·杂记下》。

经济大发展时代所萌生的诸种新课题，通过不断平衡、调适和运用国家弹性与刚性的两面，既不断扩大政权边界和执政基础，又有效防控潜在不安定因素，从而保证国家基本政治秩序的安全。

因此，在改革开放的大时代里，中国得以保持长期政治稳定的根本原因还在于和政治体制所具有的极强的学习能力。从全球来看，能否建立起具有高度适应性的"学习型政权"是发展中国家在经济社会变动下保持政治社会稳定的关键所在。"学习"在这里指对内外环境和社会力量的观察、研判和适应，对外部世界政治实践成果的吸收，对自身执政和治理结构的适时调整和创新，对历史传统的理性继承和扬弃，以及对社会管理和控制办法的与时俱进等。总之，学习型政权所具有的高度观察力、判断力、灵活性、应变性和机动性，都使其更能在复杂多变的内外环境中，以充足的弹性和适当的刚性，保持政权系统的韧性，从而促进整个治理结构与变化了的社会经济环境密切融合。

从学习型政权的视角观察改革开放时代的中国政治实践，是一个全新的角度，也是本书讨论各种政治现象的基本出发点。本书中所观察和审视的过去十余年间中国政治运行实践中的重要截面，反映的是中国共产党和政府如何从时代和实践中充分学习、灵活应变、创新机制，达到治理结构、经济环境和社会形态三者在动态中的协调和统一。譬如，市场经济转型和私营经济的发展，催生了私营企业主和农村致富能人这个新的、具有潜在政治影响力的社会阶层。本书关于中国共产党基层组织对这部分人士吸纳机制的研究（既包括鼓励他们成为农村基层党组织的领导人，也包括通过政协等机制与他们加强联络、培养他们对于政权的归属感），直接反映了政权对市场经济下新社会结构的学习和适应能力。正如前面所提到的，传统政治学——特别是现代化理论——往往认为随着现代化的发展而涌现的中产阶级、有产阶级会成为既有政权的反对与颠覆力量；但 21 世纪的中国共产党并非僵化于某些固有的意识形态限制、对新生社会力量采取敌视态度，而是充分顺应时代要求，积极发挥政权的弹性力量，把一切改革、开放和建设中涌现的新生社会力量都化为己用，使他们成为政权的支持力量，最大限度地减少社会对立、扩大执政基础。从这一方面来看，中国共产党的学习适应能力，与苏联和东欧国家的执政党之间有着极其显著的差别。高度的学习适应能力是中华人民共和国政权所具有的国家能力的重要组成部分，也是中国政权的特色，是政权得以保持其活力和韧性的根本要素之一。

改革开放时代带来的不仅仅是社会阶层结构的转型、经济体制的转轨，更意味着中国共产党治国理政所依赖的资源结构和手段储备都必然需要随着时代而变化。譬如，在人民公社时期的中国农村，中国共产党的基层政权组织掌握了农村社区生产、生活、分配、公共服务等各方面几乎全部的资源；在此基础上，对农民社区的管理就显得得心应手。随着农村联产承包责任制的推行、农村私营企业的发展，以及农业税费的逐步取消，基层政权组织原来所掌握的资源逐渐减少和枯竭，用传统的治理结构和控制手段对农业、农村和农民进行管理显然越来越不可行，以农村地区的"政权失能"为核心的"'三农'问题"越来越成为党和政府需要面临的重要挑战。为适应这一新的变化，中国共产党显然对新的农村治理实践进行了深入学习，也形成了准确的观察、研判和应对。从 20 世纪 80 年代开始的基层民主选举，到本书所研究的以农村村民代表会制度为例的各种农村"参与式治理"试验，反映的都是政权因应新时代所带来的执政资源变化的实际，对长期以来形成的农村治理结构进行制度创新的不懈学习和探索。

21世纪初发生的"颜色革命"和"阿拉伯之春"等颠覆性群众运动,以及中国台湾地区和香港特别行政区发生的"太阳花"运动和"占领中环"运动等反政府青年运动是中国共产党思考研究的重要素材。随着时代的变化——特别是全球化、信息化和新媒体网络突飞猛进的发展,青年运动的勃兴和青年社群政治能量的跃升成为各国政权需要应对的重要问题。在青年群体中,大学生群体作为接受过高等教育的未来社会精英,尤其能够起到核心领导作用。另一方面,在中国,随着20世纪90年代以来高等教育版图的巨大变化,特别是市场经济的发展,使得学校和传统的共青团组织对于大学生的控制力度也在不断减弱。当大学对于大学生的就业、福利甚至政治前途的控制力度不断削弱,而非体制的外来意识形态对大学校园的侵袭日益加强的情况下,中国共产党如何与时俱进以创新体制维护校园的政治秩序,是保证政权长治久安的重要一环。本书关于改革开放时代大学校园管理的研究,凸显了中国共产党和政府通过重构大学思想政治教育、组织管理、奖惩机制、应急管理等一整套新的系统,有效保持了对大学校园的管理力度,保证大学校园在社会经济大变动时代成为政权的积极支持基础,而不致成为反体制青年运动的发源地和温床。

社会经济大局的结构性变化带来的还有更广泛社会层面的多样转变,为中国共产党治国理政带来更严峻的复杂局面。政府要有效管理在新时代不断兴起的市民社会和非政府组织,引导其对国家经济社会发展发挥正面作用而非成为颠覆力量和社会不稳定的策源地,这显然与在传统体制下领导和管理"传送带式"的群众组织、人民团体大不一样,需要新的思路、手段和制度供给。同时,社会经济的变化也带来群众利益诉求的多样性。但新利益诉求的出现仅仅是问题的一面,随着原有社会管理结构的消失或弱化（前者如农村地区的人民公社—生产大队—生产队的三级管理体制，后者如城市地区的单位体制），群众自我组织、自我宣传以及争取自身利益的方式也有了较大的变化。20世纪90年代以来，群体性事件数量的快速上升显然是与社会经济结构转型的速度相一致的。因应新的形势，中国共产党也不断对基层社会治理的新实践加以观察、学习和反思，在基层逐步建立起以预防性管控为主线的社会控制机制。预防性管控是对原有社会管理机制的创新，反映了中国共产党和政府在发挥国家刚性、遏止实际或潜在的不稳定因素方面的学习能力。

因此，虽然中国社会经济的多重转型为政权稳定带来的挑战复杂多面，但中国共产党之所以能够在经济社会格局日新月异的大时代里维护国家基本政治秩序的稳定和政权的安全，究其根本，还在于政权所具有的极强的学习能力。也正因为如此，从学习型政权的视角观察和分析中国基层政治、解释中国政治不同于世界其他国家的特有稳定性，就显得极为迫切和重要。

从学习型政权的视角分析中国政治，重点在于厘清社会经济变局为政治稳定提出了何种新问题、新挑战，政权如何以学习的姿态分析、研判、应对这些新挑战，如何通过平衡与发挥国家弹性和国家刚性这两个基本面来实现体制的与时俱进和自我更新，在扩大政权社会基础的前提下保持对潜在威胁力量的有效震慑和控制、国家基本政治秩序的稳定、国民经济的进一步可持续发展和全社会的长治久安。可以说，以学习的态度不断创新、有效平衡和善于运用国家弹性和刚性的两面，这正是21世纪初期中国政治的主线，也是国家为破解发展中国家在经济社会急速变化条件下有效进行政权建设、维护政治稳定这个世界性难题而提供的具有中国特色解决方案的重要篇章。

第 一 章

从致富能人到村党支部书记:中国共产党如何在农村地区吸纳"先富阶层"?

无论是战争、革命、改革,还是市场化、民主化或工业化,急速而深刻的社会转型往往引发国家政治精英阶层从上到下、方方面面相应出现的影响深远的重要变革。这些变革包括但不限于政治领导阶层组成结构的变化、对体制外人才吸纳程度和方式的更新、政治精英集团主导意识形态的演进、执政政治集团权力及认受性基础的变迁,以及政治精英和社会民众之间互动关系的重塑等。不言而喻,在历经近四十年改革开放后,当下中国农村地区出现的最具根本意义,亦最应引起人们关注的政治发展之一,应属中国共产党农村基层组织在组成结构、领导力量及执政基础等各方面逐渐出现的一系列新的重要变化。而农村私营企业家及其他致富能人在政治上迅速崛起并逐步进入中共农村基层组织的核心领导位置,尤其属于上述重要变化过程的关键环节。①

---

① 在本章中,私人企业主和其他致富能人是指那些拥有或者参与商业经营的成功人士或者私人执业的专业人士,范围从个体户到大型企业主不等。参考:Kellee S. Tsai, *Capitalism without Democracy* (Ithaca, N. Y.: Cornell University Press, 2007), p. 11。他们是那些在市场经济转型中获得成功的本地经济精英。在某县的官方话语里,"私人企业主以及其他致富能人"被简单称为"能人""致富能手"或者"新社会阶层"等,以避免引起意识形态上的疑虑。参考:Bruce Gilley, "The Yu Zuomin Phenomenon: Entrepreneurs and Politics in Rural China," in E. Bonnell and Thomas B. Gold (eds.), *The New Entrepreneurs in Europe and Asia* (Armonk, N. Y.: M. E. Sharpe, 2002), p. 74。

罗伯特·帕特南（Robert D. Putnam）于1976年曾言："'谁在管治'？此问题有理由成为实证政治科学的核心议题。"[1] 基于笔者自2005年起在华北某县（以下以"庆县"指代）连续进行多年的田野调查研究，本章详细考察了在市场经济转型过程中兴起的农村先富阶层如何进入中国共产党基层组织领导岗位，并逐步取代传统社、队干部而成为新型农村党支部书记（以下简称"村支书"）的复杂过程。通过田野调查研究，笔者亦深入了解这些企业家和致富能人出身的村支书群体内在的多样性，厘清他们得以在基层政治生活中崛起的推动力、诱因与自我动机，以及探究这些新型村支书赖以取得和行使政治权力所必需的社会资源。

本章的讨论重点在于市场经济条件下中国农村社区的内生动力（endogeneous dynamics）如何有力推动农村先富阶层在基层政治中的地位跃升，以及农村党的基层领导结构的变化。这里，两个方面的观察至关重要。一方面，由市场经济改革所催生的、根植于本地社群网络内部的政治动力正推动农村新型企业家村支书们在中国共产党基层政治中逐步获取并扩展其领导权力；另一方面，在市场经济和私有企业发展的浪潮下，中国共产党基层组织通过学习新的实践、打破固有意识形态局限，充分开拓政权的弹性空间，扩大执政党的边界。通过把社会经济转型大潮中涌现的能人阶层吸纳进党的基层组织，鼓励他们带领民众致富，中国共产党将经济社会转型中新兴的社会力量化为己用，并以此增强党在基层农村的领导力和号召力，从而进一步密切农村社区和政权的联系，最终达到巩固党和政府执政基础的目的。

---

[1] Robert D. Putnam, *The Comparative Study of Political Elites* (Englewood Cliffs, N. J.: Prentice-Hall, 1976), p. 2.

第一章　从致富能人到村党支部书记：中国共产党……地区吸纳"先富阶层"？

◇◇中国农村的治理阶层

西方研究学者对中国农村政治和地方精英阶层的学术关注迄今已长达半个多世纪之久。无论是传统的乡绅阶层、小康的地主或是后来由国家政权赋予其权力的革命化农村干部，亦无论朝代轮替还是政治革命，一个自传统上即由农村乡土社会自然萌生的政治精英阶层已持续治理中国乡村长达数千年的时间。然而，在中国从集中统一的中央计划经济体制转向充满活力的社会主义市场经济体制条件下，如此史无前例又内涵深刻的变革究竟是如何影响或改变乡村社会既有的治理阶层和治理结构——特别是党在农村基层组织的领导力量的？中国共产党作为21世纪中国唯一的执政党又是如何应对农村地区这种系统性的社会经济变局的？对于这些问题，之前的研究者提出了相互迥异甚至对立的研判。

理查·拉瑟姆（Richard Latham）早在1985年即指出，中国农村的经济改革不仅削弱了基层贫下中农出身的队、社干部一向拥有的特权及政治优势，更令他们在新的经济生活中处于比较劣势的地位，因此严重威胁到他们原本安稳的领导地位。[①] 倪志伟（Victor Nee）更提出所谓"市场转型理论"，阐释了相近的论点。他预言，脱离传统社会主义计划经济体制将会大大增加农民创业的诱因与机会，而政治权力的分配亦将逐渐倾斜于在市场改革大潮中能够抓住这些机会并取得

[①] Richard J. Latham, "The Implications of Rural Reforms for Grass-roots Cadres," in Elizabeth J. Perry and Christine Wond (eds.), *The Political Economy of Reform in Post-Mao China* (Cambridge, M. A.: Harvard University Press, 1985), pp. 157 – 173.

成功的致富能人阶层，而非那些在传统社会主义经济制度下仅仅依赖于政治上根正苗红、对上级领导驯服听话而上位掌权的农村干部。[①] 简而言之，正如阎云翔所言，中国农村的经济改革即将在那些距离中央权力遥远的、处于政治边缘地位的地方和领域催生出完全新型的政治精英。[②]

魏昂德（Andrew Walder）却提出相反观点。他在研究中国干部阶层于改革开放年代所经历的种种转变后发现，市场经济转型对党的农村基层干部的权力基础所构成的影响微不足道。他指出，未有证据显示"农村政治精英因为市场经济所营造的机遇而舍弃他们已有的职位"；甚至断言"私营企业家是所有农村社会群体中最不可能成为干部的一群人"。[③] 以研究东欧社会主义国家转型而闻名的阿克斯·若纳－塔斯（Akos Rona-Tas）则将社会主义国家转型过程从时序上区分为"社会主义衰微期"（the erosion of socialism）和"社会主义转型期"（the transition from socialism）这两个不同的概念。他认为，尽管党的基层干部在"社会主义衰微期"所获得并享有的优势或许微乎其微，但这些最初的优势却能帮助他们在下一个阶段——"社会主义转型期"——占据更巨大的资源优势，并迅速接管和控制私营经济部

---

① Victor Nee, "A Theory of Market Transition: From Redistribution to Markets in State Socialism," *American Sociological Review*, 1989, 54 (5), pp. 663 – 681; Victor Nee, "The Emergence of a Market Society: Changing Mechanisms of Stratification in China," *American Journal of Sociology*, 1996, 101 (4), pp. 908 – 949.

② Yunxiang Yan, "Everyday Power Relations: Changes in a North China Village," in Andrew G. Walder (ed.), *The Waning of the Communist State* (Berkeley, C. A.: University of California Press, 1995), pp. 215 – 239.

③ Andrew G. Walder, "The Party Elite and China's Trajectory of Change," in Kjeld Erik Brodsggard and Yongnian Zheng (eds.), *The Chinese Communist Party in Reform* (London, UK & New York, N. Y.: Routledge, 2006), p. 27.

门，一跃成为后转型时期新的经济精英。① 在过去的十多年里，不少中国研究学者亦深入探讨了中国经济改革时期，党的干部阶层在国家从上到下经济生活各个层面所持续发挥的影响力。这些学者亦都认为，始于20世纪80年代的市场转型既未摧毁中共基层干部的权力基础，亦未消除国家权力对经济生活的深度干预。②

究竟市场经济转型对于中国农村的治理结构，特别是中国共产党在农村社区的基层组织产生了何种影响？无可否认，在21世纪，政治稳定和政权巩固的核心要素在于执政党能否顺应时代变化而不断改革创新，能否因应随经济社会变化而改变了的社会阶层结构，发挥体制弹性、扩大政权的组织边界，从而巩固政权的社会支持基础和提升政治认受性。在改革开放时代，中国共产党如何适应社会主义市场经济发展所引发的社会结构变化，进而实现党的基层组织的"自我更新"，是其保持执政地位的重要环节，值得深入研究。

本章撷取华北庆县的私营企业主及其他致富能人在政治上成长为农村党支部书记的历程，并将之作为一个截面，检视在改革开放大潮

---

① Akos Rona-Tas, "The First shall be Last? Entrepreneurship and Communist Cadres in the Transition from Socialism," *The American Journal of Sociology*, 1994 (1), pp. 40 – 69.

② Jean C. Oi, *State and Peasant in Contemporary China* (Berkely: University of California Press, 1989), p. 187. 关于中国共产党干部和机构在中国市场转型的持续影响请参考：Sally Sargeson and Jian Zhang, "Reassessing the Role of the Local State: A Case Study of Local Government Interventions in Property Rights Reform in a Hangzhou District," *The China Journal*, 1999, (42), pp. 77 – 99; Gordon White, "The Impact of Economic Reforms in the Chinese Countryside: Towards the Politics of Social Capitalism?" *Modern China*, 1987, 13 (4), p. 424; Yanjie Bian and John R. Logan, "Market Transition and the Persistence of Power: The Changing Stratification System in Urban China," *American Sociological Review*, 1996, 61 (5), pp. 739 – 758。

中先富起来的新社会阶层得以进入中国共产党基层领导核心的政治及社会过程，并探讨这一过程背后的驱动力量。这些直接来自田野的第一手观察展示中国共产党作为"学习型政权"，其基层组织如何观察分析变动中的社会政治实践、调适自身与在市场经济大潮中涌现出的各类致富能人的关系，以及党如何通过政治吸纳将这些社会阶层代表人士化为己用，进而将其整合进基层政权的既有治理结构，鼓励他们带领民众致富以及为农村社区服务，以期增强党在新时代的代表性、扩大执政基础和提高社会支持度，从而有效保证政权对基层农村社区的号召力，以及国家基本政治秩序在基层社会的安全。

基于笔者自2005年以来在华北庆县的田野调查，本章将以往学界对于中国新兴私营企业精英的政治研究扩展至乡村场域。现有的大多数政治学文献集中讨论城市的企业精英如何透过商会组织、政治协商机构、地方人民代表大会或入党等不同渠道间接发挥其政治影响力。然而，有别于已有文献，笔者在本章将考察农村私营企业主在中共基层组织如何获得主要领导岗位（如村党支书职务）。这反映中国农村的先富阶层或许拥有比城市私营企业主群体更为直接有效的途径去发挥其政治影响力，也反映中国共产党对于吸纳城乡私营企业主阶层而采取的不同方式和策略。

笔者的研究展示，中国共产党之所以能够在大变革年代保持农村地区的基本秩序平稳，归根结底在于执政党积极地鼓励农村基层政权组织推行渐进改革，不断吸收新涌现的社会力量，以适应急速改变的社会经济环境。当然，党对致富能人的种种吸纳举措并不会令新兴经济精英自动及顺理成章地接管党的基层组织；在改革开放年代新涌现的农村经济精英政治权力增长的背后，乃是诸多力量交织而成的错综复杂的一种结构。① 这种结构既是根植于市场改革所驱动的结构转型，亦是由党跟随社会经济情势变化而调整适应方针所造就；此外，这些来源于乡土社会的致富能人与村民社区平日的各种互动，以及他们对农村社区的贡献与服务，也是推动他们获得政治权力的内生社区力量。以上各个组成的动力——特别是社区内生的基础性支持力量——在这个复杂多面的过程中均缺一不可。

◇ 从致富能人到村支书

1947年夏天，中国人民解放军接管了位于华北平原东部的庆县。由此开始一直到20世纪80年代后期，庆县农村地区便被置于毛泽东时代典型的贫下中农式队、社干部群体的领导之下。这些由组织选拔上任的农村干部往往来自"村庄里的穷苦底层"②，因其阶级成分低、在农村革命和土地改革中的政治表现好以及在中华人民共和国成立后历次群众运动中表现积极，而被赋予基层政权组织的领导权力。③ 与此形成鲜明对比的则是，农村社区中有能力在自由市场上赚钱致富、具有商业头脑的成员，在中华人民共和国成立后庆县农村的基层政治生活中一直被视为异己力量而遭到打击和边缘化，这种态势一直持续到20世纪80年代经济改革进入较为成熟的阶段后才告一段落。一位

---

① Vivienne Shue, *The Reach of the State: Sketches of the Chinese Body Politic* (Stanford, C. A.: Stanford University Press, 1988), p. 2.

② John P. Burns, *Political Participation in Rural China* (Berkeley: University of California Press, 1988), p. 8.

③ 参见 Jonathan Unger, *The Transformation of Rural China* (Armonk, N. Y.: M. E. Sharpe, 2002)。

庆县农民在接受访谈时回忆道：

> 当年的万元户在政治上可是需要特别小心谨慎的……他们从来不敢提自己在市场上做的买卖，即便所有的人其实都知道他们是靠啥发家的。这些人也通常是要隐瞒自己的财富；他们往往故意打扮得跟普通村民一样破破烂烂。他们也是绝对不可能当上村干部的——如果你富了，那么政治上你肯定就算完了。

20世纪90年代，随着中国以严格的城乡区隔为标志的户籍制度逐步放宽，庆县有不少在改革初期成功致富的农村家庭开始离开他们世世代代生活的村庄，搬迁到城市生活；但这些家庭同时仍旧保留着他们的农村户口以及与原籍农民社区的密切联系。此时，这些先富起来的农村人士依然在政治上遭受边缘化：虽然党中央容许甚至鼓励民众从事营利性的商业活动，但地方党的领导干部和村民群众却一如既往地怀疑这些先富阶层人士在政治上是否可靠、在道德上是否干净。尽管如此，在市场经济转型的大背景下，私营企业主们毕竟得以慢慢从过往遭受政治歧视和边缘化的社会身份中解脱出来并逐渐进入公共事务领域。在党的官方话语里，这些致富能人现在被称为"新社会阶层"。新社会阶层人士的政治和社会身份在市场经济大潮中的变化直接导致了党在农村地区基层权力结构的深刻转型。

以庆县为例，在21世纪初，随着市场经济大潮呼啸而来，也由于世代更替及政策变化，庆县农村的基层干部队伍组成发生了重大的变化和更新。根据笔者在2005—2006年在庆县进行的一项实地问卷调查显示（表1—1），在回复问卷的211位现任村支书之中，1/3是在20世纪90年代才开始首次担任村支书职务；近46%则是在2000—

2006年才获得首次任命。

表1—1　　　　　您何时首次担任村党支部书记职务？

年份	委任人数	百分比（%）
1949—1965	2	0.95
1966—1971	2	0.95
1972—1976	5	2.37
1977—1981	5	2.37
1982—1989	25	11.85
1990—1999	68	32.23
2000—2006	97	45.97
无回应	7	3.32
总数	211	100

资料来源：庆县村党支部书记问卷调查（2005—2006年，由笔者主持）。

但是，人事上的代际更替并非村庄政治精英群体出现的唯一变化；更为重要的是，来自新社会阶层的村支书比例在21世纪的第一个十年出现历史新高——这是比代际更替更为深刻和重要的结构变化。根据中共庆县县委组织部的纪录，1998—2004年，该县共有189位人士首次担任村党支部书记职务，其中67位（或35.45%）来自以私营企业主和致富能人等农村先富群体为主体的新社会阶层，而这一类别人士在新任职村支书群体中所占比例则在2001年和2002年达到最高峰值（见图1—1）。这种情况的出现可能源于时任中共中央总书记的江泽民于2000年春天至2001年夏天开始逐渐提出的"三个代表"重要思想。"三个代表"重要思想重点要求中国共产党要"始终代表中国先进社会生产力的发展要求、始终代表中国先进文化的前进方向、始终代表中国最广大人民的根本利益"。这一理论为马克思主义政权吸纳私营企业主与其他致富能人进入体制提供了理论依据，也自然而然成为城乡新社会阶层人士迅速进入中国基层政治场域并发挥影响力的关键政治基础。

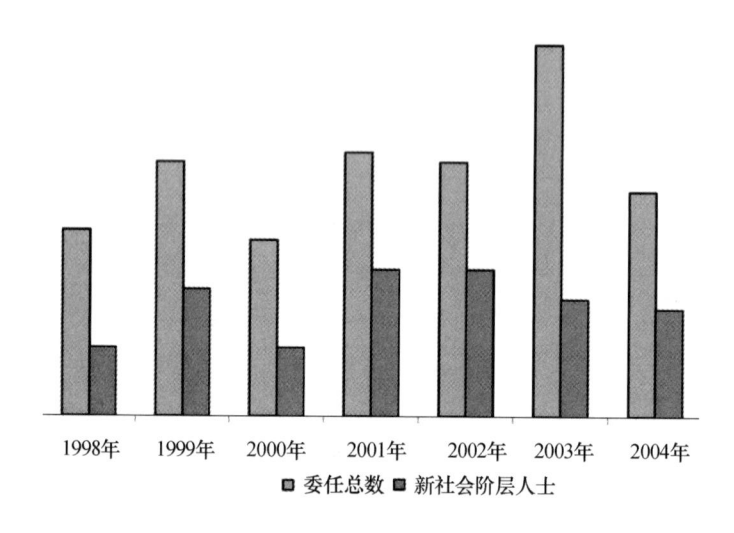

图1—1 新社会阶层人士在庆县新委任村党支部书记中所占比例

资料来源：庆县村党支部书记问卷调查（2005—2006年，由笔者主持）。

然而，私营企业主和致富能人在新任职村支书中的比例在2003年和2004年期间出现下降。此现象有两种可能的解释。第一，庆县作为一个私营经济发展水平一般的内陆县，各方面而论有资格成为村支书人选的新社会阶层人士人数相对有限。自1998年以来，庆县当地党组织已开始连年积极吸纳农村私营企业主和其他新社会阶层人士担任村支书职务；在连续多年选拔人数达到高峰后，后备人选也相应逐步用尽。更重要的是，江泽民提出的"三个代表"重要思想也引发了官方意识形态领域里新一轮关于私营企业主阶级属性的争论；随着意识形态之争重燃，庆县的领导干部在吸纳私营企业主和致富能人这一敏感政治问题上暂时采取更为谨慎稳妥的立场也是可以理解的。① 值得指出的是，在此时期，尽管存在上述因素的影响，中共庆县县委仍然态度鲜明地吸收了更多私营企业主和其他致富能人担任村支书职务。在2005年召开的一次县委、县政府干部会议上，庆县县委书记在其讲话中再次强调，"在深化市场经济改革的过程中继续从新社会阶层中吸收有才干的人才，以加强中国共产党基层组织的领导，对我们而言是非常关键的工作。这将继续是全县党建工作的重点之一"②。

获得任命担任村支书职务的新社会阶层人士，其职业分布包括私营企业主、承包农场主、专业经营户，以及个体执业的专业人士（如医生、工程人员、农机服务业者、运输个体户等）等，不一而足。图1—2展示了庆县自1998年以来所有现任村支书的详细职业分类统计。从该分类统计可见，在新任职的私营企业主和致富能人村支书之中，小企业主和农场承包者所占比例非常之大，其次则是诸如医生或运输司机之类的专业经营个体户。而传统的纯农民式干部的人数在庆县新任职村支书中所占比例则达到历史新低。

中国共产党基层组织领导构成发生这样的转型绝非偶然。实际上，自20世纪90年代起，选拔有企业经营管理背景的人士去填补中

---

① 关于"三个代表"重要思想，参考：Bruce J. Dickson, "Dilemmas of Party Adaptation," in Peter Hays Gries and Stanley Rosen (eds.), *State and Society in 21st-century China* (New York & London: Routledge, 2004), pp. 141–158; Tsai, Capitalism without Democracy, pp. 60–66。关于在"三个代表"重要思想提出后中共党内针对吸纳私营企业主的争议，参考：Bruce J. Dickson, *Red Capitalists in China: The Party, Private Entrepreneurs, and Prospects for Political Change* (New York: Cambridge University Press, 2003), pp. 98–107; Bruce J. Dickson, *Wealth into Power: The Communist Party's Embrace of China's Private Sector* (New York: Cambridge University Press, 2008), pp. 70–79。

② 某县干部会议笔记，2005年9月。

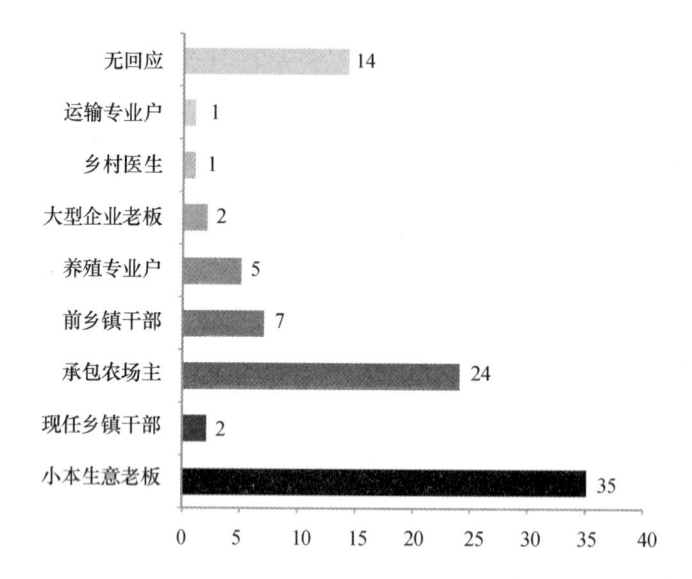

职业	人数
无回应	14
运输专业户	1
乡村医生	1
大型企业老板	2
养殖专业户	5
前乡镇干部	7
承包农场主	24
现任乡镇干部	2
小本生意老板	35

图 1—2　庆县私营企业主和致富能人型村党支部书记的职业分析

资料来源：根据中共庆县县委组织部相关资料统计。

共基层领导岗位的空缺，早已成为庆县县委干部工作的指导方针之一。其背后的考量正如一位中共庆县县委负责人解释的那样：

> 在庆县，我们需要让那些懂得如何在市场上获得成功的人来领导党的基层组织。不这样做，我们就无法把农村广大渴望脱贫致富的群众吸引并团结到中国共产党的旗帜下；假设一个人自己都无法致富，任命他担任党的基层领导是难以令群众信服的。[1]

任命经济上取得成功的致富能手担任共产党重要的基层领导职务也并非庆县独有的做法。例如，由民政部主办的一份政策性期刊《乡镇论坛》在 2005 年就曾报道，仅浙江一省就有近 30% 的新任村党支

---

[1]　对某县县委主要负责干部的访谈，2005 年 8 月。

部书记属于"先富群体"。在该省一些以私营企业为政府主要税收来源的地区,这一比例甚至高达60%—65%。[1] 在欠发达的内陆省份情况颇为类似。根据《领导之友》杂志在2006年的报道,在山西省河津市(县级市)的148个乡村中就有60个村的村党支部书记或者村委会主任是私营企业主。[2] 2003年,另一份刊物《领导决策信息》更是明确呼吁,对"村民选举的'富人化'倾向要依法保护"[3]。同年,江苏省农业厅主管的期刊《江苏农村经济》发表的一篇文章更是将此呼吁直接表达为一句简洁醒目的口号:"没有致富招,不能当村官!"[4]

◇ 谁是致富能人?

如果企业家型村支书在中国农村政治中的地位上升是具有如此广泛影响力的一个趋势,那么有关这部分新兴农村领袖群体的一系列政治问题就颇值得探讨:他们是如何被选拔出来的?他们与上级乡镇及县级党政领导之间的关系怎样?他们在体制中究竟是循何种路径而走上中国共产党基层组织的主要领导岗位的?

---

[1] 黄凤:《浙江村官有二成是富人》,《乡镇论坛》2003年第5期,第12页;顾止喜:《我国农村先富群体参政的激励结构及规范指导》,《探索》2004年第1期,第38—41页;王增杰:《农村富而为官现象透视》,《中共乌鲁木齐市委党校学报》2002年第6期,第16页。

[2] 潘其胜:《透视富豪村官现象》,《领导之友》2006年第3期,第28页。

[3] 《村民选举的"富人化"倾向要依法保护》,《领导决策信息》2003年第39期,第24页。

[4] 马宏砚:《没有致富招,不能当村官》,《江苏农村经济》2003年第4期,第41页。

在庆县，村支书的任命依然主要是来自上级的政治决定。毕竟，村党支部是属于中国共产党组织牢固而严密的"民主集中制"体系在最基层的组成部分，并非像村民委员会一样属于自治机构。村支书的遴选往往由乡镇一级党委领导负责。① 尽管县级党委有时会就任命个别特别有经济或政治影响力的致富能人担任村支书直接给予意见，但在绝大多数情况下，通常是由乡镇党委书记主持行使任命村支书的权力。

自21世纪初以来，在中央政府大力提倡和号召"村务公开"的大环境下，传统的村支书选拔过程也开始增加了公共咨询和民主选举元素。不同于中国其他一些地区实行的更直接的"两票制"② 选举方式，庆县的做法是将村支书的选拔与村民代表会代表选举相结合。在此制度安排下，任何一位候选人若想要获乡镇党委任命担任村支书职务，则必须要首先当选本村的村民代表会成员（注：村民代表会是一个由村民自由选举产生、相当于村庄小议会的组织，详见本书第三章），而一位现任村支书如果在村民代表会选举中落选，则会被上级党委免去村支书职务。③ 这样，在原本是不公开性质的村支书选拔过

---

① 这些党委领导通常包括书记、副书记和乡镇党委成员。其中，乡镇党委书记拥有最大发言权。

② Lianjiang Li, "The Two-ballot System in Shanxi Province: Subjecting Village Party Secretaries to a Popular Vote," *The China Journal*, 1999, (42), pp. 103 – 118.

③ 根据某县《关于村组织的管理办法》，"村支书未能赢得村级民主选举，没有被选入村委会或者村行政委员会的，应该辞职"。在2001年的第一次村委会选举中，只有85.4%的某县现任村支书赢得了选举。而那些落选的则马上被免职。在2006年进行的第二次选举中，通过率提高到了92.8%。参考某县县委办公室《某县村支模式资料汇编》，2005年，第73页；某县县委组织部《全县第七届村民委员会换届选举工作情况统计表》，2006年；Xiaojun Yan, "The Democratizing Power of Economic Reform: The Revival of a Representative Institution in Rural China," *Problems of Post-Communism* 2011, 58 (3), pp. 39 – 52。

程中引入了有限的公共咨询与民意表达的机制。在庆县，虽然村支书的选拔由负有管辖责任的上级乡镇党委领导来负责，但普通村民仍可以通过村民代表会成员选举中的投票来行使实质上的否决权。简而言之，在庆县，上级党委的支持和社区群众通过选票表达的认可对村支书任职均具有影响力。

在上任后，这些由私营企业主和致富能人中而来的村支书与上级乡镇党委领导之间的关系则变得相当复杂。一方面，由于在发展经济这一目标上他们具有根本的一致性，乡镇领导通常给予新获任命的私营企业主村支书相当大的自主权。而另一方面，乡镇领导仍然力图保持其对基层农村社区的传统影响力，因而对企业家型村支书的决策和管理也予以严格监督与控制。乡镇领导采取各种正式或非正式的手段来施加影响，包括年度村支书工作考评、村级建设资金分配、稀缺资源（如参军名额）的划拨，甚至行政许可的签发等不同渠道。特别是当有村民投诉、举报或者控告现任村支书时，乡镇党委书记将在后续处理过程中发挥举足轻重的作用。通常，组织上会对有关情况进行调查，乡镇党委书记对涉及的村支书的政治前途拥有绝对酌情权；在非常严重的情况下，若上级认为某位村支书已不适合或者无法再继续担任其职务，一个工作组会被派去接管村党支部的工作，直到被投诉、举报或者控告的问题得到妥善解决。

当然，更值得留意的是，这些农村的新兴经济精英和致富能人通往政治权力的道路并不平坦，往往受到多重因素的制约和影响；这些因素既包括他们各自经营的产业或者执业的专业性质，也包括他们的人脉资源、党派从属、社会基础及个人经历等。不同特质造就了新社会阶层人士村支书群体内部的多样性。在庆县，得以担任村支书职务的致富能人大致可以被划分为以下六大类别。

在外地经营大型企业的庆县籍企业家

这一类私营企业主村支书通常在邻近的大城市（如北京及天津）拥有一个相对大型的私营企业，但依然保留着他们在庆县老家农村的户籍。他们经营的企业在地理上距离家乡遥远，故而他们既无须与村民，亦不必与原籍党委、政府建立任何代理或依附关系。这些企业家在外地经商致富的事迹令他们在乡亲们之间家喻户晓，尤其是为他们所属的大家族赢得巨大声望。这些庆县籍私营企业老板所拥有的雄厚财力使他们可以（即或不一定是由于义务上的要求）对故乡社区给予经常性的经济或非经济资助；但正由于这样的捐助关系，这些私营企业主也自然而然地在原籍农村社区公共事务的问题上逐渐享有一定发言权。此外，这些企业主在大城市开办的私营工厂也往往为那些进城寻找打工赚钱机会的乡亲提供第一份工作和来到城市的第一处落脚点，从而享有很大威望。因此，这一类别的私营企业家通常是被乡镇党委邀请回村担任党支部书记；乡镇党委期望他们可以帮助当地大力发展地方经济和改善村庄的公共服务（注：本书第三章会讨论村级公共服务所面临的财政枯竭问题）。[①] 这一类别的企业家和庆县当地党政领导机关在除了经济发展目标的共识以外往往只保持最低限度的联系，其权力基础或多或少是基于社区乡亲对他们能够带领村民致富和改善公共服务的信任和期望，而非其他因素。[②]

---

① 在接受任职后，这些村支书将回到所属的社区居住并履行职责。有些会携家庭成员回去，有些则把家人留在城市而自己两地奔波。因为某县距离北京天津等大城市较近，一些企业家选择一周之中安排两天去企业管理业务，其余时间则留在村里办公。

② 对乡镇党委副书记的访谈，2005 年 10 月。

拥有族长地位的当地企业家

第二类私营企业家村支书则是在本村成功经营私营企业的商人。有趣的是，田野调查研究发现大多数这类本地企业家在本村的家族社群里常常排在很高的辈分。雄厚的财富再加上辈分之高使他们在村庄熟人社区中拥有德高望重的权威。他们中的不少人为一个或多个大家族担任着"总理"①的角色。尽管这些企业家将自己的工厂或产业设在当地村庄，但他们并不必依赖当地政治权威的庇护——这往往是因为他们开办的工厂通常具有很高的流动性；若当地的政商关系和营商环境无法达到预期，这些企业很容易被迁移至其他地方。同时，这些盈利企业也常能为社区乡亲们提供就业机会、现金资助和其他一些物质福利。商业上的成功与道德权威以及族长地位互相叠加，造就了这一类村支书在当地社区里异常牢固的政治权力基础。

专业人士

有些新任的致富能人村支书并非企业家，而是专业人士，例如乡村医生、运输专业户或者农机专家。他们在当地社区开展以个体形式经营的业务（如农机服务站、跑运输或者医疗诊所等），借助自己拥有的知识或特殊技能为社区居民服务，并因此而逐步致富。这些专业人士居住在原籍所在的村庄，为农村社区提供基础性的公共服务。由

---

① 在某县，"总理"负责安排和主持同族成员的红白喜事。"总理"出面主持是这些人生大事得以顺利举行必需的。任何普通农村家庭因此都不能够去破坏与"总理"的关系。"总理"在当地社区是具有高度权威的人物。

于其执业和经营的相对独立性，这些专业人士通常与乡镇党政机关自然保持一定距离；但他们与当地农民社区却保持着极其密切的社会经济纽带——因为他们在经济上的成功更多地取决于作为服务对象的村民群众的信任和持久光顾，而非党政领导的恩庇。为社区提供的长期服务为这些医护人员和专业服务人士赢得令人尊敬的声望，成为他们政治晋升的社区群众基础。

租赁农地经营的种田大户

中国的农村土地由集体所有，并不能出售给私人。但改革开放时期也出现了一些事实上的（de facto）"私营"农场主。这些所谓"种田大户"属于某种形式的农业企业经营者，通常通过租赁其他村民的责任田而得以大规模经营私营农业。[①] 农业商品化和农业生产特殊的"在地性"使这些新兴的以租赁他人农地进行经营的种田大户迫切需要与乡村政府及生产经营所在地的农村社区保持极为密切的友好关系；因为其生意的成功必然依赖于当地农户家庭（作为实际上的"地主"出租土地使用权）、乡村集体经济组织（作为法律上的土地所有者认可出租合同）和地方党政机关（承认土地租赁行为的合法性并签发行政许可证）三者的协作和配合。由于这些种田大户往往支付高额的土地租金，亦为村民提供就业机会并且时常捐助当地公共福利项

[①] 和中国其他地区一样，在某县，农业用地归村委会集体所有而非私人财产。在包产到户制度下，农户仅拥有他们配额土地的使用权。然而，从20世纪90年代起，因为农业税费负担过重，许多农户决定出租他们的责任田使用权。这些土地被筹划发展大规模有机农业生产的私营企业家获得。十年之后，在很多村庄，这些农业企业家通过租赁使用权掌握了面积巨大的农田，于是变成事实上的"私营"农场主。

目,故而他们通常与其农场所在地的村庄发展出良好的合作关系。而对乡镇政府而言,由种田大户的租赁经营而形成的有机农业、养殖业和旅游业等新产业亦成为可提供额外税收并发展成为推动经济发展的又一个新兴产业。来自乡村社区的支持和上级党政部门的鼓励这两大因素结合起来,最终构成这些种田大户能够获得村支书职位的推动力。

以前处于边缘岗位的村干部

在庆县,还有一类先富阶层党支部书记则具有双重身份:一方面他们是从前做过较为低级边缘工作岗位的村干部,另一方面现在的身份又变成私营企业主。这类村支书大多数是退伍军人,成为村支书主要是由于经商成功以及过往以村干部身份参加村庄管理的经历。这些村支书通常在中国人民解放军服役期间加入中国共产党,按照惯例在退伍后被安排到乡村政府任职某些边缘岗位(如民兵队长等)。在20世纪90年代市场经济大潮中,这些退伍军人利用在军队期间掌握的特殊技能(如驾驶、机械维修等)开始经营个人生意,并因之而致富。他们的成功依赖于地方政治权力人物的庇护,其职业道路则被他们与地方领导之间的密切纽带所塑造。他们之所以赢得村庄党的基层组织最高领导职务,通常得益于他们所具备的双重资格,即:在地方党委领导的眼中他们具有政治可信度,而在普通村民眼中他们又拥有吸引人的成功致富经验。

社群领袖型企业家(communal entrepreneurs)

社群领袖型企业家往往是在一些存在家族世仇或宗族对立冲突现

象的村庄中被选拔为村党支部书记的。这些私营企业家通常在社区事务中扮演具有影响力的族长、耆英或者士绅角色，善于调解与化解对立的派系、宗族甚至民族之间的矛盾纠纷。这些社群领袖企业家之所以能够解决农村社区的内部纷争，原因在于他们拥有高超的组织技巧和雄厚的经济实力，并且通过向村民提供就业机会、资助、保护以及攀扯宗亲关系等形式，建立起与冲突各方人士的联系。在某些分裂态势严重的村庄，地方党政领导更倾向于挑选这些能力足以稳妥老练地调解纷争，并能在村庄日常政治中发挥调和作用的中间人担任村党支部书记。正如一位受访者形容的那样，社群领袖型企业家被选中担任党的基层组织领导，是因为他们"有能力把分裂的社区重新黏合在一起"①。

◇◇ 政治资本：致富能人村支书的权力之路

在毛泽东时代，中国的私营企业主甚至个体经营户都被视作没落的资产阶级或者小农经济在社会主义社会的残余力量，因而政治上"落后"、社会地位低下，在持续不断的群众运动中沦为被批判、斗争的对象。自20世纪80年代起，以商品经济为导向的市场化改革推动了商业活动的兴旺，也令私营企业主和个体户阶层得以重新发展起来，并逐渐进入国家正常的政治生活。2002年中国共产党第十六次全国代表大会正式允许私营企业主作为一个社会阶层加入中国共产党；这标志着中国共产党在经典列宁主义有关无产阶级政党性质的论

---

① 在某县的采访，2005年10月。

述基础上，因应改革开放的新形势和新条件，对建党理论进行了发展和创新，实际上给予已具雏形的中国私营经济精英阶层以政治上的入场许可。

然而，在地方基层社会，党的全国代表大会所作出的政治决定尚不能立刻成为一个足以使私营企业主获得实际政治权力的行政命令。在中国政体的最基层，私营企业主和致富能人阶层得以重新成长为一支重要的政治力量，并不仅仅是由党中央的意志从上至下来完成的；相反，这是一个相当复杂的、"在地的"（localized）社会和政治过程，几乎涵盖农村社区生活的方方面面。在这个复杂的过程中，私营企业主和致富能人们将经济上的成功、雄厚的个人财富及中央的政治论述结合起来，在农村社区将之转化为实际的社会声望和实在权力。在庆县，这个复杂的转换过程主要透过私营企业主和致富能人参与三种形式的活动来实现，即：慈善活动、社区服务，以及与政府部门的商业协作。透过参与以上活动，这些经济成功人士"巧妙地"运用自身的经济财富来赢得社区信任、政府承认，最终获得政治委任。

慈善活动

中国农村的经济精英与其所在的乡村社区生活存在根源性的关联。他们的社会联系、政治影响或经营活动与村庄社区内的人际关系网络紧密交织。基于中国农村传统讲究"本乡本土"的地方主义道德观，这些经济成功人士在致富之后往往仍比较看重自己所在的乡村社区的福祉与集体利益。他们通过长期赞助本村的慈善活动，逐渐经营出一个为本乡本土社区"无私奉献"的慈善家形象，有效地消弭了社区其他成员对先富阶层尚存的道德质疑，并进而获得社区乡亲的信任、支持以及赞许。

在庆县，富裕的生意人家庭往往在自己村庄的不同公共建设工程或者福利项目中发挥重要的作用。他们为这些公共工程或者福利项目提供资金资助，并协调或者帮助工程和项目的进行。譬如，一些私营企业家出面洽谈本村的公共建设项目，以帮助这些工程以优惠价格获得建筑材料；或者在预算资金有限时，他们会在运输费用等方面给予补助或者免费服务。当一些受雇于自己企业的村民员工需要为公共建设项目义务帮工时，私营企业主乐于为他们提供带薪假。私营企业主和致富能人也时常为旨在照顾村庄鳏寡孤独等弱势群体的社会福利或教育项目给予直接捐助，例如为学校捐建校舍、为贫苦学生提供学费资助或者为老年人提供医疗费用补助等。这些不同形式的社区捐助都是私营企业主和致富能人为社区提供服务和获得支援的重要途径。[1] 由于中央财政对村庄公共服务所能够提供的转移支付资金长期不足，自从 21 世纪初国家农业税被取消后，地方私营企业主和致富能人对村级公共建设项目的赞助和参与显得日益重要。[2]

"基于乡土之情的道德义务"

"发家"是中国农村每家每户的梦想。作为幸运地在市场经济改革中成为先富阶层的一员，庆县的私营企业主和其他致富能人往往觉

---

[1] 需要指出，这些捐款背后的动机未必一致。有时企业主是由于政府压力而捐款，有时则是因为企业主在某些福利活动中发现了商机，不一而足。尽管捐款背后存在各式各样的原因及动机，但普遍来说，村民们仍然感谢致富能人群体对社区大众福利所做的经济贡献。

[2] 对县级干部的采访，2005 年 8 月。

得他们不仅有能力而且有义务去帮助尚未脱贫的乡亲父老跟上时代的发展步伐。这些村庄经济精英常常怀着这种"基于乡土之情的道德义务"（Noblesse oblige）为村庄社区作出力所能及的贡献，但这些贡献的客观结果也成为他们日后获得村民支持的重要政治资历。在庆县，先富阶层人士对乡亲们提供的类似帮助主要体现在雇佣关系上，特别是企业管理层职务的招聘。获聘在私营企业的管理岗位工作的村民除了赚取较高的经济收入之外，同时也获得有用的商业知识和管理技能。此外，企业的初级岗位（譬如实习员工和学徒工等），亦为村庄的年轻人提供了切实帮助——因为缺乏必要的职业培训是农村青年在大中城市打工求职所面临的一大障碍。由这些本乡本土的私营企业主所提供的宝贵职业培训和就业机会，以及企业家自身作为成功人士的榜样作用，使他们也得到村庄社区年轻一代村民的尊敬与支持。

在庆县，先富起来的私营企业主和致富能人尤其觉得自己有责任和义务向他们同一家族的远近亲戚分享宝贵的市场讯息和知识。在某些社区，这种无私慷慨帮助的效果格外突出。譬如，同一姓氏的多个农民家庭往往经营一样的生意行当，又或是作为互补型的商业形式经营上下游生意。这种现象充分说明在先富阶层影响下村民积极致富的强大的惯性作用，也彰显了先富起来的农村企业家阶层对其所处的村庄社区所产生的正面榜样效应。

有时，私营企业主和其他致富能人也通过亲身率领或资助村民们的集体抗议行动，来实践他们对于村庄社区的"义务"。这些集体行动涵盖各种各样的形式，如法律诉讼、抗议、请愿、示威以及基于宗族或历史仇恨的武装械斗等。在庆县，私营企业主们通常为与村庄集体利益攸关的集体行动在金钱上提供慷慨资助。他们也会在集体行动过程中提供专业建议、扮演领导角色，甚至偶尔会动用他们在社会上的人脉关系去帮助村民赢得满意的结果。通过支援、参与甚至领导这些集体行动，私营企业主们不仅在本地乡村社区树立了极其高大的形象，也令地方党政领导注意到他们潜在的强大动员号召力，其潜在作用越大则越促使政权愿意吸纳这些能人进入体制之内。

与政府部门的商业合作

地方经济精英与政府部门进行商业合作，更是在有利可图的同时获得了政治资本。例如，自20世纪90年代以来，庆县一些村委会逐渐把以往由集体所有的工厂和保留的"集体用地"转租给私营企业主经营。① 这些企业家向村委会缴纳一定比例的年度利润，以此换取对所获企业拥有完全的控制权。实际上，不少私营企业主正是通过这样的商业合作挖掘到人生"第一桶金"。通过长期商业合作，私营企业主和地方党政部门建立起利益关系，并进一步培养互信。双方的良好关系在之后的村支书选拔过程中将发挥决定性的作用。

≫ 为何先富阶层人士愿意担任村支书？

参与政治，特别是担任领导职务，一向是成本高、费时间和花精力的一件事。为何庆县的新兴经济精英愿意费时费力甚至不怕麻烦，去义务担任中国共产党在农村地区最基层组织——村党支部——的领导工作呢？

---

① 保留的集体用地指没有分配到各农户但由农户承包经营使用的农业用地。

第一章　从致富能人到村党支部书记：中国共产党……地区吸纳"先富阶层"？

寻租行为

笔者综合在庆县的田野访谈发现，庆县的私营企业主之所以愿意接受村支书的政治任命，最具说服力的原因仍是基于经济利益或经营利益。对于那些生意成败依赖地方政治资源和关系网络，或直接与地方政府部门进行商业合作联合开发项目的私营企业主来说，尤其如此。事实上，通过担任农村党支部的主要领导职务，私营企业主可以在某种程度上得到经济收益和经营便利的保证。正如一位私营企业主村支书解释的那样：

> 我的工厂和生意就在这个村子里。过去我差不多每天因为各种事情都要和村委会打交道……在我当上村支书之前，我要花费大量的时间去与那些其实根本不懂我生意的村干部周旋。现在（当上村支书后），这些事变得容易多了。我可以集中精力在我的企业发展计划上，钻研怎样提升产量、改进质量。这对我和村子来说也是种双赢。①

对于私营企业主而言，政治身份影响着他们与当地有权有势的乡镇党政领导干部之间的关系。担任村党支部的主要干部，是与在各种商业事务上有举足轻重发言权的上级领导干部培养密切个人关系最有效的一条途径。这种关系有时可以进而发展成后台关系，可以为企业家现在和潜在的经济利益提供有力的保护。

---

① 与某县致富能人村支书的座谈，2005年10月。

政治志向

在中国的社会环境下，政治职务是身份认同和各种保障的重要来源之一。成为村支书也令私营企业主获得对于体制的归属感，觉得自己是体制内的一分子，同时也满足了他们参与关乎其诸多切身利益的本地政治运作的愿望。正如一位受访的私营企业主村支书提到的那样：

> 在过去，私营企业主是被排除在社会主义制度之外的。我们曾经是"异类"甚至是政治上"不可接触的"那部分人。担任党支部书记对我们而言首先是一种政治上的肯定——它确认我们这些私营企业主是属于这个政治体制的。这于我们而言是非常重要的一件事。①

对于政治抱负远大的农村经济精英而言，村支书职位也是一个"起点"。村支书职务是便利他们日后当选地方人大代表或者政协委员的踏脚石。地方人大代表或政协成员的身份具有重要作用，一方面，这些身份可以避免私营企业主的生意经营和日常生活遭受不必要的政府干扰；更重要的则是，地方人大和政协提供了一个安全的发言平台，使农村经济精英也可以就与他们利益攸关的重要政策问题发表意见，并可能获得宝贵的机会去结识原先难以接触到的重要地方党政官员。一项由中华全国工商联于 2006 年进行的调查显示，全国范围的

---

① 与某县致富能人村支书的座谈，2005 年 10 月。

私营企业家群体都对参加全国及地方级别的人大和人民政协具有高度兴趣。在受访的私营业主中，28.8%的人选择把"加入人大或政协"列为他们"最迫切的目标"[①]。对于庆县不少的新兴经济精英而言，担任村支书是为他们将来在更广阔的舞台上发挥政治影响力而踏出的极为有效的第一步。

家族利益

新兴经济精英出任村支书的另一个主要动机是期望借此在村庄内部权力结构中更好地保卫自己宗族的利益。虽然这并不必然与家族之间的历史矛盾有关，但在村庄里，如果某一家族代表占据村党支部的主要领导职位，在未来需要解决宗族之间的争斗时，将会有莫大的影响。更普遍的情况是，在一个多个宗族共处的村庄里，某个企业家或者致富能人赢得村支书职位会成为该家族的集体荣誉，也会被认为是有益于本宗族的集体福利。一位村民如此解释：

> 如果和你同一个姓氏的人赢得村支书一职，这对你们整个家族来说都是一种荣誉。在我们这里，大家抱有很深的宗族观念——如果族内有一户人家有红喜事，那和他同姓的每家每户都会在自己的门上贴一个"囍"字来庆贺。宗族团结的确在村内生活中扮演一定角色。如果我们宗族中有人有可能当上村里的领导，那我们全宗族一定都会尽全力帮助他得到这个位置。[②]

---

① 参见《中国私营经济年鉴》，中华工商联合出版社2007年版，第57页。
② 与某县村民代表的座谈，2005年8月。

可见，谋取基层党组织领导职务被认为是整个宗族需要集体努力的事情；一位成功的私营企业主或致富能人很难抵抗来自其宗族内部要求接受任命以便捍卫宗族荣誉和利益的压力。在世仇或者派系斗争严重的村庄，这种来自宗亲势力的压力则更为明显，对当事者而言也更加无法抗拒。

社会名望

生活在本地熟人关系网络之中的农村私营企业主之所以愿意担任村支书职务，另一个需要考虑的动因是社会名望因素。过去，无论在传统中国的文官制度还是毛泽东时代的贫下中农干部领导体制下，商人和企业家在社会等级中均处于底层位置。在意识形态层面，儒家文化认为商人是重利轻义的"不道德"力量；1949年以后，革命平等主义之下，商人和企业家阶层也受到不同程度的政治歧视。自20世纪80年代起的市场经济改革显著提高了私营企业主的政治地位，然而社会仍普遍对他们的品德抱有怀疑，"无商不奸""为富不仁"等说法仍很常见，革命年代对私人资本的道德谴责和负面宣传的影响一时之间也难以完全消除。因此，当官方宣传经济上成功致富是一种"光荣"时（"致富光荣"），新兴的私营企业家和其他致富能人既有极强的动机又有充分的能力去谋求政治地位和获得社会声望。担任党的基层组织主要领导职位是一件"长面子"的事，可以提高私营企业主的社会声誉，同时亦有可能满足他们迫切的需要，来获得乡村社区的道德认可。

◇ 新乡村政治

正如帕特南所言,"政治精英集体的变迁可以为分析历史大趋势提供关键性的判断依据"[①]。庆县新兴的私营企业主和其他致富能人村支书群体在中共基层组织中的崛起,生动显示在改革开放时代,市场经济的改革已经并将继续为中国农村地区带来深刻的治理结构变化。

与过往主要是贫下中农出身的队、社干部相比,庆县的私营企业主和致富能人村支书在诸多方面具有显著特点。第一,相比以往的贫下中农干部,致富能人村支书们往往接受过较高程度的正规学校教育,其市场知识和经验通常也较为丰富。技术知识和管理技能是中国农村经济发展最急需却又短缺的资源。基于这些经验、技能和知识,先富阶层村支书总体倾向是"以发展为导向"和重商主义;事实上,他们当中有很多人经常为本村招商引资和吸引人才,这些行为都为本乡本土社区直接带来经济机会和发展动力。

第二,致富能人村支书的权力既来源于上级党组织的赏识提拔,又有社区村民的支持基础;不同于之前的贫下中农村干部,这些新社会阶层村支书在行使权力和做决定时,必须顾虑对上和对下两方面的负责和平衡。相比之下,在不少文学作品和新闻报道里犹如"土皇帝"的传统贫下中农村干部在处理涉及社区利益的事务时,则很少受到同等约束,也缺乏向村民群众开展集思广益、民主咨商的动力。新

---

① Putnam, *The Comparative Study of Political Elites*, p. 166.

兴私营企业主和致富能人村支书们相较以往的村干部更强调以社区为本的原则，往往更依赖于社区乡亲的支持和适当的民主程序去完成各项决策。

第三，由于私营企业主和致富能人村支书拥有与外部世界广泛的商业联系，因此相较于传统的贫下中农式村干部而言，他们对外部世界的视野通常更为广阔，在工作中更有能力根据市场原则改革现有的村级公共服务体系。在庆县，多个私营企业主村支书上任后，在本村推行了一系列创新型的公共福利措施，包括集资医疗保险、互助信用合作以及法律援助等，这些改革从不同方面有益于提升农村公共福利的品质，也有益于促进提高农村治理的素质。

第四，尽管不能排除个别私营企业主村支书可能以贿赂、回扣及其他非法所得等形式与上级党政机关领导干部保持着灰色甚至黑色的利益关系，客观上说，庆县大多数私营企业主和致富能人主要还是通过商业合作和发展地方经济才得以与地方党政部门积累长期互信，并在这些合作中建立起密切的个人联系。在社区层面，先富阶层村支书在商业上经营成功，又积极参与和资助社区公共事务，在调解宗族矛盾和村庄内部纷争方面也稳妥而老练，这些特点所形成的"模范效应"使他们在本村说话、办事与过往根正苗红的贫下中农村干部相比更具说服力。因此，即便这些村支书在推行如计划生育或殡葬改革等不受欢迎的国家政策时，也通常并不需过多依赖乡镇政府提供的强制手段，而是主要依靠村支书个人的威望和办法，这对于加强村庄的和谐治理是具有实际的积极效果的。

◇ 结　语

中国农村地区在过去近四十年的时间里经历了深刻的体制转型。从人民公社体制到联产承包责任制的转变对中国共产党在农村基层的权力结构带来复杂的影响。毫无疑问，经济体制的转型不但没有削弱，反而更加巩固了中国共产党在农村地区的认受性基础——党依然是乡村社会最重要、最受信赖的政治力量。然而，经济体制转型亦给予党足够的压力和动力去适应和改革其原有的基层组织领导结构。通过快速吸纳在市场经济中涌现的新经济精英进入领导体制以及代替传统的贫下中农式村干部，党致力于夯实其在基层的政治基础，构建适应市场经济条件的新的政治认受性来源。

本章亦展现了庆县的私营企业主和致富能人村支书并非作为一个具有共同政治信念、偏好或身份认同的同质性政治团体走上中国基层政治舞台的。恰恰相反，私营企业主阶层内部的巨大差异性塑造了他们各自通往权力的不同道路。本章提到的六类私营企业主和致富能人村支书——包括在外经营大型企业的庆县籍企业家、拥有族长地位的本地企业家、本地专业人士、承包农地的农场主、前退伍村干部以及社群领袖型企业家，他们在职业背景、人际关系资源及权力基础上显然各不相同；但正是这种差异塑造了他们与党政机关之间的多元类型关系，也最终决定了他们走上村党支部领导岗位的不同方式。事实证明，庆县的私营企业主和其他致富能人更倾向运用各自独特的社会资源、人际关系以及日常"智慧"来设法逐步发展与当地党委、政府的合作、获取村庄民众支持及最终走上村党支部的领导岗位。这些新社会阶层人士——至少在庆县农村——并非借集合成为一个有凝聚力的、团结的利益团体来获得和施展本团体的政治影响力。这与传统西方政治学对于新兴中产阶级的预言迥然有异。

改革开放时代中国共产党的总体适应性改革为党的基层组织领导结构在21世纪的第一个十年所发生的变化提供了有利的政治环境。笔者的田野调查研究显示，庆县新的致富能人村支书在政治上得以崛起的动力同时也源自内生的、根植于传统村庄社区网络的力量；这种内生力量在经济改革期间不但未遭到削弱，反而得到了增强。私营企业主和其他致富能人逐渐获得党的基层组织的领导权力，这事实上是一个错综复杂的政治、经济和社会过程，当中涉及由经济改革所释放出的新社会力量、中国共产党自身的适应和创新，以及自人民公社解体后乡村社区传统力量的重新振兴等多重动力。对于此复杂过程而言，每一个组成部分都是不可或缺的。

中国共产党领导下具有高度弹性和学习适应能力的政治体制与快速的市场经济转型相结合，为愿意服务桑梓的中国乡村的新社会阶层人士营造出十分有利的体制背景，令他们在具有改革创新意识的共产党帮助下，重又获得在本乡本土的社会地位和政治威望；改革开放年代崭新的乡村权力结构亦为他们提供了全新的机会和可能。致富能人们耀眼夺目的商业成就、对地方经济发展的深度参与、对村庄社区福利的慷慨贡献，以及其与上级党政机关的合作关系，都令他们能够在全新的政治舞台上施展才华。而党也通过吸纳这些私营企业主和致富能人进入基层组织的领导岗位，进一步扩宽了政权的边界，增强了政权的社会支持基础，还通过这些新经济精英带领村民致富和共富的过程，在最基层的村庄社区提高了党的认受性、说服力和治理能力。一个正在经历逐步改革、具有充分能力和愿望发挥体制弹性的政体，为中国农村的经济精英们提供了丰富的动力、资源和途径，并将他们的经济实力、管理能力和成功经历转化为实质的社区权威和国家的治理资源。这也许能令他们在未来为不断提高国家对基层社会的治理能力和治理素质作出更重要的贡献。

［本章英文版曾获全球中国研究权威期刊、英国《中国季刊》（*The China Quarterly*）2012 年度戈登·怀特奖（Gordon White Prize）。该奖颁发给当年度《中国季刊》所刊登的最具原创性研究成果］

第二章

政权吸纳的政治意义：人民政协如何巩固中国共产党的执政基础？

传统西方学术观点往往认为：非西方民主式的政体形式，由于欠缺政治认受性及过于诉诸强力手段来实施管控，因而本质上极为脆弱。21世纪初，一些中亚和阿拉伯世界的政权在"颜色革命"和"阿拉伯之春"等大规模反体制群众运动中所遭受的巨大冲击和溃败似乎亦印证了上述观点。然而，中国在过去近三十年时间里不但造就了惊人的"经济奇迹"，而且同时经历经济腾飞、体制转型和社会现代化这三个极为重要的经济社会变革，但其基本政治秩序和社会生活却长期保持在高度稳定状态，成为西方学术界眼中的"异数"和难解之谜。相较于中亚及北非那些深陷社会动乱和国家失能的国家，中国不但顺利渡过20世纪80年代末的严重政治、经济及意识形态危机，更是从90年代起因勇敢的市场经济转型而实现了综合国力的蓬勃发展，一跃而为当今世界的第二大经济体。中国的经济成长和综合国力跃升甚至令一些西方观察家开始把其政体模式视为一种正在形成中的、对发展中世界具有借鉴意义的替代性政治共识，并预言其最终足以挑战以自由市场资本主义与选举式民主制度为核心标志的西方政体模式对世界的主导影响。①

为此，在过去十多年里，各国政治学者都展开了大量研究，认真审视为何具有中国特色的、集中统一的政权组织形式能够在剧烈而多元的社会经济转型中保证国家基本政治秩序的安全稳定。今天，世界上不少学者都同意，认真研究具有中国自身特色的政权组织形式及其运作实践乃是理解中国政治稳定的关键之所在。这一见解对从事非西方政体研究的学者而言并不新奇。如贝阿特丽丝·麦格罗尼（Beatriz Magaloni）就曾提出，政治稳定需要有精心设计的各种政治机制来规范执政党与支持其权力基础的统治联盟其他成员之间的协商过程，以及为执政者了解、吸纳及管控非体制性社会政治力量和潜在政治反对势力提供条件。②

在实际政治生活中，麦格罗尼所总结的这类政权功能往往是由一种特定的政治机制所承担——笔者在本章中称其为吸纳性政权制度（inclusive regime institution）。肯尼斯·乔维特（Kenneth Jowitt）将政权吸纳（regime inclusion）定义为"政党精英尝试扩大政权的政治、生产和决策系统的边界，从而使其自身与非官方的社会界别融合，从而避免与社会互相隔膜"③。而斯蒂芬·怀特（Stephen White）认为吸纳性政权制度能够"吸收和处理社会诉求，增强体制的协商能力，并在体制中体现不同阶层民众的利益，从而防止社会力量提出更深刻，甚至反体制的改革诉求"④。

---

① Stefan Halper, *The Beijing Consensus: How China's Authoritarian Model Will Dominate the 21st Century* (New York: Basic Books, 2010).

② Ibid..

③ Kenneth Jowitt, "Inclusion and Mobilization in European Leninist Regimes," *World Politics*, 1975, 28 (1), p. 69.

④ Stephen White, "Economic Performance and Communist Legitimacy," *World Politics*, 1986, 38 (3), p. 470.

遗憾的是，在现有关于中国政体的研究中，中华人民共和国的吸纳性政权机制迄今并未得到学界的充分了解，这导致我们对中国政体运作和政治稳定的制度性原因方面存在严重的知识缺陷。2009—2011年，笔者在中国北方某县（以下仍以"庆县"代称）搜集和研究了该县人民政协机关从20世纪80年代重新设立开始到21世纪初期形成的一系列内部工作文件。基于这些珍贵材料，本章系统性检视和探讨有中国特色的吸纳性政权机制——中国人民政治协商会议（人民政协）——在地方政治中的功能和政治角色，以及人民政协对于维护社会政治稳定和政权安全所发挥的重要作用。本章用翔实的档案材料审视庆县人民政协在逾二十年时间里的日常运作，力图展现分属中国共产党"统一战线"重要组织形式的人民政协，作为中国政治体制中核心的政权吸纳和协商民主机制，对政治稳定和政权安全所作出的不可或缺的贡献。[1]

通过对党外精英和其他社会领袖进行意识形态教育、给予适当政治和物质待遇、鼓励其通过体制内渠道参与地方政治活动，以及对非党代表人士的日常思想和政治态度进行关注和管理，地方人民政协不但为党和政府提供了吸纳具有潜在威胁之社会力量的重要平台，也建立起可供各社会力量进行政策讨论的潜在论坛和政府联系不同社会界别的渠道，以及党和政府与其最可靠的党外朋友合作共事的机制。党和政府也利用政协这个协商民主机构向政协委员们收集建议，并定期

---

[1] 某县人民政协的官方全称为"中国人民政治协商会议某县委员会"，但在日常政治发布中它更经常地被称为"县政协"。更多关于统一战线的信息，请参阅：Lyman P. Van Skyke, *Enemies and Friends: The United Front in Chinese Communist History* (Stanford: Stanford University Press, 1967); James D. Seymour, *China's Satellite Parties* (Armonk: M. E. Sharpe, 1987); Gerry Groot, *Managing Transitions: The Chinese Communist Party, United Front Work, Corporatism, and Hegemony* (London: Routledge, 2004)。

组织委员视察，从而间接获取社会各界对政府治理效果和公共服务水平的评价和意见回馈，以改善治理质量。总体而言，人民政协在党和政府巩固执政基础、改善公共服务品质中发挥的作用不可忽视；通过对有代表性的社会人士的持续工作，人民政协也相应地便利和增强了党和政府对社会各阶层精英的联络和管理。

人民政协作为中华人民共和国的一种独特的制度性创新，自1949年以来已经成为国家极其重要的吸纳性政权制度。人民政协帮助党和政府吸纳具有影响力的社会贤达——特别是党外社会精英及意见领袖——加入国家体制，这与苏联和东欧社会主义政权高度依赖发展党外人士入党（即所谓"政治吸纳"）或通过群众组织和人民团体（即所谓"社团吸纳"）进行政权吸纳工作的做法具有根本差别。[①] 然而，人民政协这一具有中国特色的吸纳性政权制度究竟是如何在日常政治中发挥其作用的？中国共产党又在多大程度上、以什么方式去管理和领导人民政协？政协作为重要的吸纳性政权机制，在复杂多变的国内外环境中是怎样为国家政治稳定作出贡献的？

地方人民政协在改革开放时代的复兴

1949年中国共产党取得对国民党军队的决定性军事胜利后，随即开始组建人民政协。新成立的政协会议在中华人民共和国成立之初不仅承担了作为新生人民政权的制宪会议的功能，亦成为中国共产党

---

① Stephen White, "Economic Performance and Communist Legitimacy", 470.

在夺取全国胜利后巩固统一战线、获取广泛社会力量支持的一个重要组织平台。① 1954 年，在第一届全国人民代表大会作为宪法规定的国家最高权力机关遵照法律的规定和程序成立后，人民政协完成了它的临时制宪使命。尽管如此，中国共产党仍然决定将政协予以保留，将其作为党和国家一个主要的吸纳性政权机制，继续为巩固新政权的认受性和对不同阶级阶层的社会精英进行政治吸纳发挥作用。

在"文化大革命"期间，整个人民政协机构系统同其他绝大多数党和国家的法定机构一样处于瘫痪状态。直至 20 世纪 80 年代中国进入改革开放时期以后，人民政协系统才得以恢复运作（见图 2—1）。② 1982 年 12 月，重新正常运作的中国人民政治协商会议全国委员会（简称"全国政协"）通过新章程，将"政治协商"和"民主监督"作为政协系统的两大主要任务。同年，第五届全国人民代表大会通过新的《中华人民共和国宪法》。新宪法"序言"明确规定，人民政协是"有广泛代表性的统一战线组织""今后在国家政治生活、社会生活和对外友好活动中，在进行社会主义现代化建设、维护国家的统一和团结斗争中，将进一步发挥它的重要作用"。③

改革开放时期的中共中央领导层对重新运作的地方人民政协则规定了适度的任务。根据中共中央办公厅于 1983 年 1 月发出的一份通

---

① 1946 年，国民党召开"政治协商会议"，尝试与包括共产党在内的不同政治力量建立一个战后联合政府。此次旧政协会议失败后，中国进入一场长达三年的解放战争，直至中华人民共和国在 1949 年成立。因此，在中华人民共和国的官方话语中，1949 年后由中国共产党组织领导建立的人民政协被称为"新政协"，以同国民党主导的"旧政协"加以区别。参见《当代中国》丛书编辑部《当代中国的人民政协》，当代中国出版社 1993 年版，第 1—12 页。

② 《当代中国》丛书编辑部：《当代中国的人民政协》，第 245 页。

③ 《中华人民共和国宪法》"序言"。但是，新宪法没有对人民政协的正式架构或法定职能作出规定。

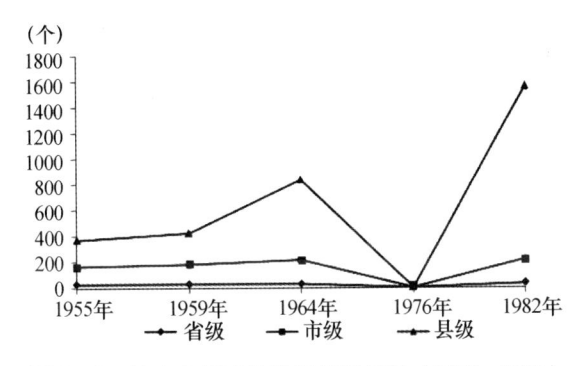

第二章　政权吸纳的政治意义：人民政协如何巩固中国共产党的执政基础？

图 2—1　地方人民政协数量逐年统计（1955—1982）

资料来源：《当代中国》丛书编辑部：《当代中国的人民政协》，第 402—405 页。

知，地方人民政协是党和国家借以加强同社会各阶层联系与合作的工具。[1] 根据此方针的导向，庆县党委于 1984 年发出第 14 号文件，对重新组建[2]的庆县政协提出四项具体任务：第一，调动一切积极因素；第二，发挥老干部的作用；第三，团结一切党外有志之士；第四，联系各方人士，共同为四个现代化服务。[3]

在这份指导性文件中，庆县县委领导班子特意将筹建和发展县政协的工作与"文化大革命"之后整个国家恢复和重建的大局结合起来，着重强调县级政协机构的中心任务是医治"文化大革命"所造成的社会创伤和吸纳改革开放时代将不断涌现的新社会力量。文件要求，在筹建县政协的过程中，要做到三点：

---

[1]　《当代中国》丛书编辑部：《当代中国的人民政协》，第 404 页。

[2]　同全国人民政协一样，某县地方人民政协成立于 1949 年（即人民解放军解放该地区两年后）。然后于 1954 年 12 月被解散（在 1954 年 7 月某县人民代表大会召开之后数月），从 1954 年到 1984 年期间一直未曾召开政协会议。参见《某县志》，方志出版社 1999 年版，第 490 页。

[3]　《关于筹建中国人民政治协商会议某县委员会的通知》，档案 3—5，1984 年 2 月 7 日。

（一）坚决执行党中央提出的"长期共存、互相监督、肝胆相照、荣辱与共"的统一战线方针，克服孤家寡人、包打天下的错误倾向；

（二）在非党人士中，广泛宣传党在新时期统一战线的方针和政策，肃清改造统战对象的"左"的倾向……

（三）走群众路线……按照实现政治联盟的要求，必须在党所联系的各界人士中，挑选有社会影响、热爱共产党、拥护社会主义、促进祖国统一的爱国者。[①]

此后，庆县政协每年都召开一次全体会议，每五年重新遴选一次委员，但是县政协的使命、组织架构和政治职能自20世纪80年代以来基本维持不变。

◇ 遴选政协委员

对于一个政治组织而言，其遴选和吸收新成员的方式和对象通常会对该政治组织的性质、地位和职能起到决定性的形塑作用。作为中华人民共和国最主要的吸纳性政权机制，人民政协对成员挑选标准作了明确而严格的规定。根据前述1983年1月的中共中央办公厅通知，县级政协委员候选人必须属于以下九类人士之一，包括：党外知识分子、（私营）企业主、少数民族和爱国宗教人士、1949年前后前往台湾的国民党官员的亲属、归国华侨及侨眷、国民党起义军官、八个民

[①]《关于筹建中国人民政治协商会议某县委员会的通知》，档案3—5，1984年2月7日。

第二章 政权吸纳的政治意义：人民政协如何巩固中国共产党的执政基础？

主党派成员、有影响力的无党派人士，以及台湾同胞。①

根据中央文件的要求，庆县县委进一步在文件中要求政协委员候选人必须"政治道德好""有知识、有才能、有声誉"，是党所联系的各界人士中"热爱共产党、拥护社会主义，促进祖国统一的爱国者"。②另外，1990年4月该县政协在一份工作报告中提出，在政治标准之外，遴选政协委员亦应考虑候选人的文化素质和能力水平，包括接受正规教育的程度（或同等的专业知识水平）、参政议政能力和社会影响等。③由于中国在改革开放时代大力发展教育事业，20世纪90年代庆县政协委员的平均受教育程度相较于80年代初期得到显著提高（见图2—2）。然而，在庆县的实际运作中，县政协委员的入选资格仍然主要取决于地方党委就各候选人对政权的忠诚度和对主体政治秩序的认同程度所作出的评价。正如笔者搜集到的一份庆县第三届县政协委员的提名表格显示，基层党委在提名这位该县食品公司退休干部为政协委员时所写的唯一推荐意见就是，"能认真执行党的各项路线、方针、政策，拥护社会主义，拥护四项基本原则"；而该候选人的专业知识和参政议政能力等方面则被忽略不提。④

县政协委员的实际遴选工作则是由中共庆县统一战线工作部（以下简称"统战部"）具体负责。一份关于第二届庆县政协委员"换届筹备"工作的报告显示，这一遴选过程通常包含五个步骤。第一，统

---

① 《当代中国》丛书编辑部：《当代中国的人民政协》，第404页。
② 档案3—5。
③ 《某县政协换届领导小组关于换届筹备工作情况的报告》，档案1—5，1990年4月11日，第3页。
④ 《政协某县第三届委员会委员推荐表》，档案6—2。

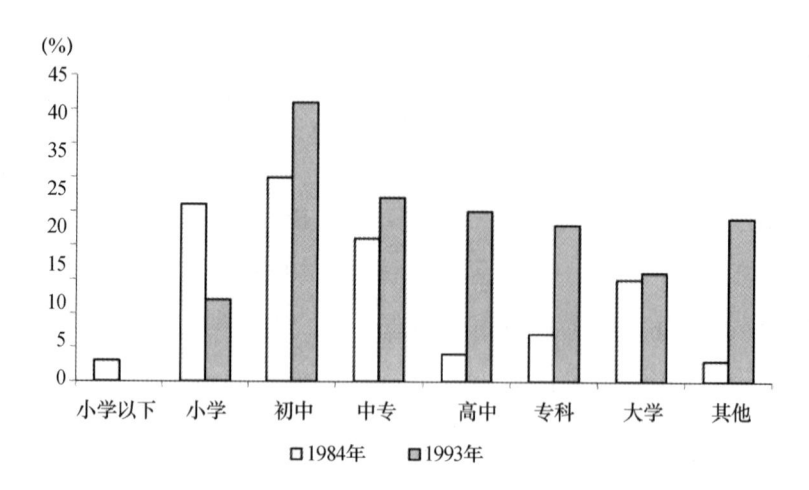

图2—2 政协委员受教育程度（1984年和1993年）

资料来源：《政协某县委员会第一届委员会委员登记册》，档案6—1，1984年；《政协某县第四届委员会委员花名册》，档案6—3，1993年。

战部审阅每位现任委员的人事档案并决定其委员资格是否可以连任。县委也制定了一系列客观指标体系来决定委员的连任资格问题，包括委员的年龄[①]和健康状况等；委员群体的职业分布也是一个突出的决定性因素[②]。同时，为了"平衡"党内及党外政协委员的比例，有时身为共产党员的现任委员有可能被劝说退出，以让出名额给其他非共产党员的候选人。[③] 第二，统战部根据连任情况和名额，通知乡镇一级党委以及县政府领导下的各部委局办和企事业单位提名候选人，以

[①] 一般规定，中共党员年满60岁、党外人士年满65岁者不再留任。1990年，政协委员资格的年龄限制降为中共党员年满58岁、非中共党员年满63岁。参见《某县政协换届筹备领导小组关于换届筹备工作的报告》，档案1—1，1987年5月6日；档案1—5，第2页。

[②] 若因工作变动导致其不具有职业代表性，或身体健康存在严重问题的委员不得连任。参见档案1—1页；档案1—5，第2页。

[③] 档案1—1，第3页；档案1—5，第3页。

第二章　政权吸纳的政治意义：人民政协如何巩固中国共产党的执政基础？

填补出现的空缺。提名机构所推荐的候选人除在政治标准上必须合格外，提名机构需特别关注的推荐对象是重要的地方民主党派人士、宗教界人士、成功的私营企业主和中央规定的遴选政协委员的九种类别中的具影响力人士等。随后，统战部会对备选者的政治背景和表现进行内部审查，从中确定合乎资格的候选人。由统战部拟定的候选人名单遂上报县委常委会讨论通过。最后，县政协会召开会议，正式通过新一届的政协委员名单，并向社会公布。①

在入选后，县政协委员依照从事的职业（见表2—1）被划分为不同"界别"。在人民政协举行的正式（例如全体会议或视察活动）和非正式活动中，政协委员通常只能参加自己所属界别的活动。与地方人大不同，地方政协委员中的共产党员比例被有意地控制在40%左右，以体现政协广泛吸纳社会各界人士的性质（见图2—3）。② 与全国政协不同，除以职业划分的界别外，地方政协并不允许民主党派、少数民族和宗教团体组成单独的代表团。在庆县，少数民族人数不多、政治力量微弱，所以政协所设置的限制集体代表少数民族族群利益的制度障碍未遇到明显的公开反对。但是，地方官员可能会在私下承认，民族成分或宗教信仰相同的委员之间比较容易形成较密切的人际关系纽带。③ 然而，尽管共产党员人数在庆县人民政协组织中并未形成绝对多数，由于采取根据职业划分界别的办法，政协仍可确保成员无法经由共同民族成分和宗教信仰聚合成团体。

---

① 档案1—1。

② 档案1—5，第1页。非党员政协委员所占百分比在20世纪90年代初稍有下降。这主要是由于江泽民担任总书记时期，中共大力吸收企业家、技术能手、专业人士和其他本地精英加入共产党。

③ 对某县人民政协书记的访谈，2010年12月6日。

表2—1　　　　　　　　　庆县政协委员的界别组成

界别	各界别政协委员人数		
	1987年	1990年	1993年
党、政、军及其他组织	20	25	23
科技	21	16	19
文化与教育专业	18	21	17
健康与医疗专业	11	11	7
工业、建设与交通	13	14	21
银行与金融	11	13	13
农业与林业	12	13	20
商业	6	7	1
少数民族与宗教团体	8	8	9
港澳台同胞家属	8	11	10
特殊委员（无界别）	4	3	6
乡镇企业（1990年加入）	无	13	14
原文件中难以辨识	无	无	10
总计	132	155	170

资料来源：档案1—5；档案1—1；档案6—3。

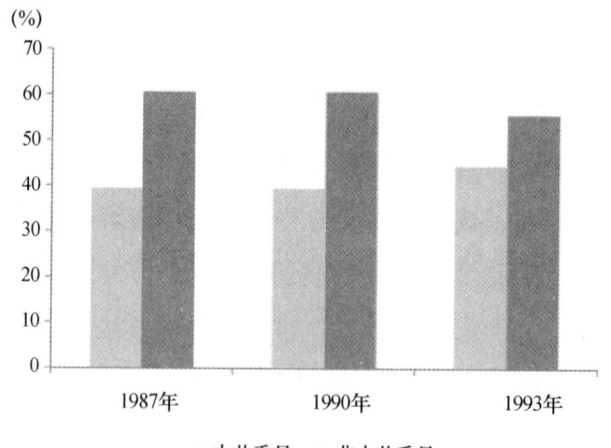

图2—3　庆县政协中共委员与非中共委员比例

资料来源：档案1—5；档案1—1；档案6—3。

注：受档案文件复制品质影响，1993年资料中13位委员的政治派别印刷不清，无法识别。

◇ 地方人民政协的职能

庆县县委赋予该县人民政协四项任务：政治学习、委员联络工作、考察调研以及向党和政府提供意见和建议。此外，县级政协也负责收集和出版地方文史资料。① 庆县人民政协每年召开一次全体会议，时间通常安排在过完农历新年之后，或在初春，也就是传统的农闲时期。

政治学习和委员联络

作为党的主要的政治吸纳平台，庆县人民政协的首要任务是对委员们进行符合国家主体政治意识形态的思想教育。尽管在改革开放时代，党和政府在意识形态动员和教育方面的程度、重点和方式方法与以前相比都发生了较大变化，但人民政协对于这项任务的高度重视却始终未改。全国政协在其发布的一份官方指导文件中指出，"组织各界人士进行时事政治学习和马列主义基本原理的学习，逐步提高认识，改造思想，不断清除资本主义和封建主义的思想影响，树立新观念，以适应社会发展的需要，是人民政协的一项重大任务"②。在一份内部文件中，庆县人民政协向县党委报告称，"为有效提高委员素质，我们把组织和推动委员学习作为一项重点工作抓，在实践中不断

---

① 《突出四个重点，搞好三个转变，开创政协工作新局面》，档案 1—12，1993 年 12 月 26 日。

② 《当代中国》丛书编辑部：《当代中国的人民政协》，第 445 页。

丰富学习内容，改进学习方法，力求做到制度化、经常化"①。政治学习有多种形式，包括小组会议、个人学习、座谈会以及集体讲座等。活动的内容包括学习党中央的最新指示或统一战线部门颁发的宣传材料。中央和地方政府也借助政治学习活动向政协委员进行政策宣讲和沟通，以取得他们的支持。正如庆县政协在一份报告中指出：

> 我们把团结民主党派、无党派各界人士作为政协工作的主要任务之一，注重用党的路线方针政策统一各界人士的思想和行动。每当中共中央作出重大决策、发布实施新的方针政策，以及县委作出一些重大决定，我们都采取召开常委扩大会、各界人士座谈会、个别走访交谈、制发学习意见、宣传提纲、利用《政协简讯》交流学习体会等方式，及时组织传达、学习，使委员理解精神、把握要点、落实行动。②

作为最主要的政权吸纳机构，庆县人民政协亦积极主动进行委员联络工作。通过人民政协的委员联络工作，党和政府不断拉近与有影响力的社会人士之间的距离，加强他们对政权的支持和认同。在庆县，委员联络工作一般可分为下列几种形式：党政官员登门拜访政协委员、组织政协内部的社交聚会、对个别委员进行官方慰问，或向政协委员寄送新闻简报以及其他印刷品等。③ 为开展委员联络工作，庆

---

① 档案1—12，第1页。
② 《中国人民政治协商会议某县第二届委员会常务委员会工作报告》，档案1—6，1990年4月11日，第3页。
③ 档案1—12，第1页。

第二章 政权吸纳的政治意义：人民政协如何巩固中国共产党的执政基础？

县人民政协下设 19 个"联络工作组"，其工作人员均为全职国家干部，县所属的每一个乡镇至少要派驻一名委员联络工作人员。委员联络使党和政府得到有效渠道以更好地跟踪了解政协委员的政治思想状况、及时发现潜在的负面情绪和因素，令政协委员们切身体会到党和政府对他们的长期关心和支持。

"联络工作"的另一个重点是在实际生活中向政协委员提供一定的优待和照顾，为委员们办实事。某些案例涉及工作岗位的恢复。如，某位政协委员在"文化大革命"期间因为有台湾亲属关系而被工作单位无端开除了公职；当选政协委员后，他在 1984—1987 年的某一时刻曾得到县政协的帮助，从而恢复了工作岗位。[1] 其他案例也包括给予政协委员"特事特办"的照顾。例如，另一位县政协委员，具有台湾人身份，又属于日本归侨。因为这些特殊的身份，在从 1962 年开始的连续 30 年期间，根据中央与地方有关政策规定，她一直未能办理户籍落户手续。但就在她成为县政协委员后不久，这位委员全家的落户问题得到一次性解决。[2] 近年来，政协委员享受的照顾也开始体现在商业信息和市场准入领域。事实上，从 20 世纪 90 年代开始，庆县政协的一个主要任务就是要帮助政协委员们"致富"。县政协为委员们组织了一系列内部的研讨会、信息分享会或讲座，向他们宣传和推介经商机会和市场讯息。[3] 县政协也鼓励和促进企业界委员之间以政协为平台进行横向商业合作。[4]

---

[1]《中国人民政治协商会议某县第一届委员会常务委员会工作报告》，档案 1—2，1987 年 5 月 7 日，第 5 页。

[2] 同上。

[3] 同上。

[4]《中国人民政治协商会议某县第五届委员会常务委员会工作报告》，档案 1—17，2000 年 1 月 22 日，第 6 页。

此外，拥有海外亲属关系的政协委员通常能得到额外的实质照顾。例如，一份县政协报告强调，县政协的工作重点之一是帮助有"香港、澳门和台湾同胞亲属"（即"三属"）的委员从事商业活动并尽快致富。有趣的是，该文件解释说：

> 针对"三胞"（注：指香港同胞、澳门同胞和台湾同胞）不仅对大陆政策十分关注，更重视他们大陆亲属经济状态的特点，我们加强了帮助"三属"致富的工作，组织召开了三次"三属"致富座谈会和参观学习会，为他们提供致富经验、技术和信息。[1]

除了提供市场讯息、财政支援和合作平台外，地方政协也尽其可能帮助"三属"解决住房、子女教育甚至农业生产所需的化肥、柴油燃料等这些现实生活中的实际困难和问题。[2] 同时，县政协还协助做好"三胞"来县探亲的接待工作。县政协报告说：

> 凡来县探亲的"三胞"，政协和统战部领导主动看望，为他们参观访问及生活提供方便；在接触中主动介绍家乡变化、经济形势，宣传大陆政策；对于思想上存有疑虑、偏激情绪或某些问题处理不当者，耐心地做好疏导工作。[3]

---

[1] 档案1—6，第4页。
[2] 档案1—6，第5页；《政协某县第三届委员会常务委员会工作报告》，档案1—11，1992年3月21日，第6页；《政协某县第三届常务委员会工作报告》，档案1—8，1991年3月25日，第3页。
[3] 档案1—6，第5页。

第二章　政权吸纳的政治意义：人民政协如何巩固中国共产党的执政基础？

身为企业家、意见领袖、知识分子、少数民族或宗教团体领袖的政协委员们也在不同程度上获得这些方面的照顾。① 近年来，政协组织向委员提供的此类协助更扩展至金融领域；如最近的一份县政协报告就指出，仅2009年一年，县人民政协帮助其中青年政协委员从国有银行获得总共2000万元人民币以上的贷款。② 另一份报告亦反映，从1984年至2008年，受到庆县人民政协协助、由地方政协委员开办的工厂达238个，同期政协委员为全国性慈善项目"光彩事业"捐款达4000万元以上。③ 于同一时期，庆县人民政协共向政协委员介绍了668项商业投资信息、落实了8亿元投资资金，并向委员推介了1510个工业项目。④ 一位县政协委员在访谈中承认，"县政协为政协委员办实事，这肯定加强了我们与共产党的联系，也巩固了我们对社会主义制度的信任"⑤。

在今天，通过政治学习对政协委员进行主流意识形态教育和通过联络工作帮助政协委员"办实事"、在实际生活中给予支持和照顾，已成为县级人民政协在日常政治生活中的两大主要功能，这便利了党和政府加强与党外精英及社会贤达的沟通、交流与合作，并有助于加强他们与政权的联系、巩固他们对国家基本政治秩序的支持和归

---

① 对某县人民政协书记的访谈，2010年12月6日。
② 《中国人民政治协商会议某县第七届委员会常务委员会工作报告》，档案10—2，2010年2月1日。
③ 20世纪90年代创办的"光彩事业"是一个全国性慈善组织。该组织由中央统一战线工作部主办，其成员主要由私营企业主组成。它已经成为将中国"先富群体"捐助的资金用于国家扶贫工作的一个主要机制。参见郑万通《努力开创光彩事业工作新局面》，载张绪武等《中国私营经济年鉴》，中华工商联合出版社1996年版，第117—120页。
④ 《新某县志稿第八章》，未刊稿，档案10—1，第26页。
⑤ 对来自某县人民政协的代表的访谈，2009年10月。

属感。

考察、调研和绩效考评

档案显示，在庆县政协的日常工作里，组织委员集体视察，或者就特定政策议题开展调查研究活动也是重要组成部分。县政协在全年各个时期都可能组织委员的集体视察活动，这些视察的主题十分广泛，包括了从本地学校校舍的建筑质量到清真食品标准的妥善处理等方方面面的课题；而县政协在委员集体视察中发现的问题，一旦形成文件，几乎都会引起庆县主要领导的关注和批示。例如，在某一次集体视察中，政协委员们发现该县一个镇的学校校舍存在严重安全隐患，镇政府立即对之作出回应和整改。① 县政协委员也可单独进行访察活动。譬如，一位政协委员曾发现该县某一主要市集上有非法赌博情况并向政协书面报告，地方政府因此而展开了一场取缔非法赌博活动的大型治安行动。② 另一份县政协报告提到，曾有县政协委员在1999年进行七次明察暗访，发现当地某些持有向穆斯林群众提供清真食品许可证的餐厅，实际并未严格遵循伊斯兰教关于处理清真食品的规定。在接到县政协书面反映后，政府严厉惩罚了违规商家。③ 自1984年恢复重建至今，庆县政协围绕各种重要政策性问题开展了一系列视察活动，包括当地棉花产业的发展（1984）、改革县级职业技

---

① 《政协某县委员会前八个月的工作总结和后四个月的工作意见》，档案3—3，1990年8月25日，第2页。
② 档案1—8，第4页。
③ 《中国人民政治协商会议某县第五届委员会常务委员会工作报告》，档案1—15，1999年3月9日，第5—6页。

第二章　政权吸纳的政治意义：人民政协如何巩固中国共产党的执政基础？

术学校（1985）、振兴乡镇企业（1988、1989、1990）、加强地方税收征缴（1991）、改善下岗工人生活条件（1999）、增建扩建县城主要道路（1999）、加强网吧管理（2001）、建立农村医疗保险（2004）、保障残疾人权益（2006）以及城镇化及开发农用地（2007）等不同议题。大部分由县政协提出的政策建议受到县党政领导的高度重视，县委、县政府也根据这些建议而作出许多政策改变或调整。[1]

若涉及的问题更具系统性和全域性的影响，县政协则可以要求与县委和县政府领导举行特别政治协商会。档案详细记载了在1990年9月1日召开的一次特别政治协商会。会上，与会人员就当地政府治理中出现的一系列问题展开讨论，涵盖从县医院医疗质量到政府预算外经费管理等范围广泛的内容。[2] 一些县政协委员还获邀担任"特约监督员"，更长期、系统地对公立医院、税务局、电视台、电台和人民法院等各类公立机构的服务素质进行监督。[3] 仅2000年一年，庆县就有66名政协委员应邀担任16个当地政府和执法部门的特邀监督员。[4] 县政协的另一个重要监督机制是由政协委员对县辖各乡镇及各部委局办领导干部的年度工作绩效进行测评。虽然这类测评的结果无论是在制度上还是法律上均无约束力，但大多数县管干部还是认为在县政协年度测评中获得低分是一件非常"丢面子"的事情。而且，上级领导几乎总是会要求测评分数特别差的县管干部去县政协面对面听取政协委员意见和作"自我批评"。[5] 这无论如何都是干部们要力图避免的

---

[1]　档案10—1，第15—20页。
[2]　档案3—3，第3—4页。
[3]　档案1—11，第5页；档案1—17，第4页。
[4]　档案10—1，第25页。
[5]　对某县县委统战部副部长的访谈，2010年12月8日。

事；因此，虽然不具有党内和法律上的约束力，县政协的此类干部测评还是具有一定影响力的。

提出意见、批评和建议

作为一个政治协商机构，县政协有权向县委、县政府反映意见或提出建议。在官方话语里，县政协的这个职能被统称为"提案工作"。县政协下设专门委员会来负责提案工作。

在庆县政协一年一度的全体会议上，大多数提案或由个别委员单独提出，或由同一界别的一些委员联名提出。另外，官方承认的人民团体和群众组织（例如中华全国总工会、共青团和妇联等）也可通过所属的县政协委员呈交提案。在县政协休会期间，政协委员可于全年任何时候以邮寄方式呈交提案。[①] 但是，庆县政协规定，任何委员提案都不得涉及以下内容：涉及党和国家机密的内容；中共党员对党内人事决定的不同意见；民事纠纷、法律诉讼或针对个人的举报；要求解决属于个别委员或其亲属的特殊问题；超出县政府管辖职权范围的议题；无实际内容的议题，[②] 以及党或政府部门正在处理的议案。[③]

政协委员提案根据内容和性质被分为三大类进行处理：有关公共政策或政府工作的一般性观点被称为"意见"；针对特定事件或政策的负面反映或者投诉被称为"批评"；就制定新政策或修改现有政策而提出的提案被称为"建议"。以上三类提案均先经县政协提

---

① 《政协某县委员会提案工作条例（试行）》，档案2—2，第4页。
② 通常指关于政治意识形态或理论争论的话题。
③ 档案2—2，第5页。

第二章 政权吸纳的政治意义：人民政协如何巩固中国共产党的执政基础？

案工作委员会审核分类后，再转交县有关党政机关研究和答复。[①] 庆县县委、县政府的所有工作部门均须就各自收到的政协委员提案作出书面答复；有时，不同部门还需要邀请提出提案的委员进行专题视察或组织特别政治协商会来就相关问题进行沟通、了解和处理。例如，档案记载，曾有政协委员就一些包工头拖欠农民工工资问题提出提案，有关负责部门便专门为此与县政协召开一场政治协商会，认真听取委员意见并在会上进行当面交流，然后才对提案作出官方的书面答复。[②] 按规定，县委、县政府对提案的回复必须返回给政协提案工作委员会以及提出提案的政协委员研究；若提案工作委员会或者相关政协委员不满意、不接受负责部门作出的答复并将其退回，有关部门须重新作出答复，否则县政协有权将该提案转送分管县委常委或者县委书记、县长等主要官员直接处理。

对于最紧迫和重要的议题，县政协偶尔亦会以投票方式通过正式决议，要求县党政部门及时处理。例如，一份县政协文件显示，庆县政协于1992年曾投票通过一份正式决议，要求县政府加快处理关于当地某工厂拆分问题的行政复议。[③] 虽然县政协采用类似正式决议提出建议的情形为数极少，但一旦采用，政协正式决议的高度公开性对县党政机关足以产生巨大的政治压力，从而令其更有可能采纳县政协所倾向的政策。

[①] 与地方人大不同，政协委员提出的提案（意见、批评或建议）都可以送交党委各工作部门或当地政府相关部门。由于人民政协是党的统一战线组织，因此党组织本身有义务回应人民政协的提案（但党组织一般不担负处理及答复地方人大质询或提案的法定职责）。

[②] 《中国人民政治协商会议某县第七届委员会常务委员会关于七届三次会议以来提案工作情况的报告》，档案10—3，2010年2月1日，第3页。

[③] 《关于制线厂改为县办集体企业的建议》，档案3—1，1992年12月24日。

人民政协提出的意见、批评和建议基本均能得到当地党政机关的严肃对待和及时处理。图2—4显示了从1987年到2000年间庆县政协收到的委员提案主题的变化。虽然提案主题各种各样，甚至包括性别平权、地方政治改革等社会政治敏感议题，总体而言，经济和社会福利议题在全部提案中仍占据主导地位。图2—5显示从1991到2000年间庆县政协提案处理结果的统计。该统计表明大部分由县政协转交县委、县政府相关工作部门处理的提案都得到妥善解决。县政协提出的"批评"更是通常对政府工作产生直接影响。例如，1989年县政协提出有关该县逃税状况的批评，导致政府对当地税务局和大部分地方企业展开调查。在受调查的企业中，最终发现603家无营业执照，2523家存在拖欠应上缴县政府税款的问题。[①] 其他类似案例还包括庆县政协曾经提出的关于县城主要交叉路口交通堵塞问题（1996）、当地电话公司乱收费问题（1999）、地方电网故障频繁问题（2003—2006）和少数网吧非法允许未成年人进入使用的问题（2004）等。[②]

反映社情民意

作为中国共产党的重要统战平台，人民政协也担负着搜集社会信息、跟踪分析社会政治状况，并向党政机关及时进行汇报反映的工作。任何政府都需要长期借助一些可靠途径来了解社会对于治理的反馈，跟踪政治思潮变化，并及早发现治理中可能产生或引发的问题。

[①] 档案10—1，第27页。
[②] 同上。

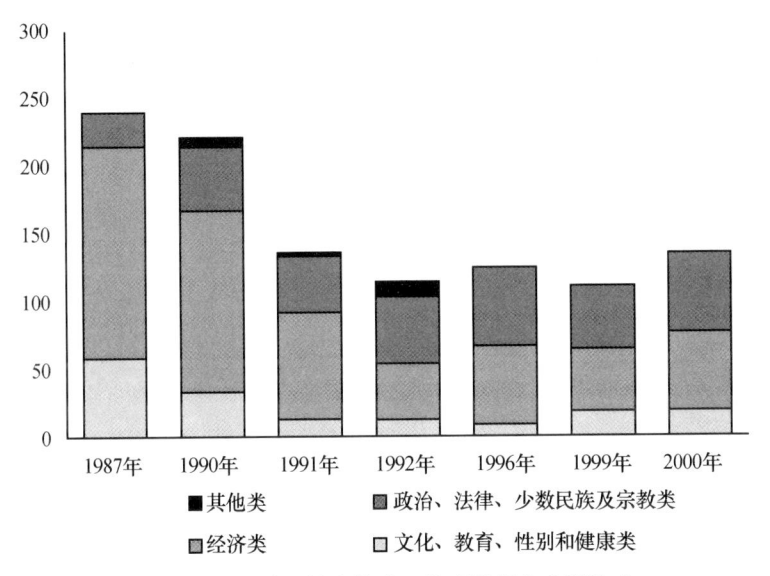

第二章 政权吸纳的政治意义：人民政协如何巩固中国共产党的执政基础？ 73

图2—4 庆县政协全体会议收到的提案主题构成

资料来源：《中国人民政治协商会议某县第一届委员会提案工作委员会关于提案工作情况的报告》，档案1—3，1987年5月7日；《中国人民政治协商会议某县第二届委员会提案工作委员会提案工作情况报告》，档案1—7，1990年4月11日；《中国人民政治协商会议某县第三届委员会提案委员会关于三届一次会议以来提案工作情况报告》，档案1—9，1991年3月25日；《中国人民政治协商会议某县第三届委员会提案委员会关于三届二次会议以来提案工作情况报告》，档案1—10，1992年3月21日；《中国人民政治协商会议某县第四届委员会提案委员会关于四届三次会议以来提案工作情况报告》，档案1—16，1996年3月14日；《中国人民政治协商会议某县第五届委员会提案委员会关于五届 次会议以来提案工作情况的报告》，档案1—14，1999年3月9日；《中国人民政治协商会议某县第五届委员会提案委员会关于五届二次会议以来提案工作情况的报告》，档案1—18，2000年1月22日。

在庆县，人民政协正是肩负此种责任的最重要的机构之一。[①] 正如一份县政协文件所强调的那样，人民政协搜集社情民意的工作，是"稳

---

① 其他此类机构包括：新闻媒体的内参系统、信访局、纪委。

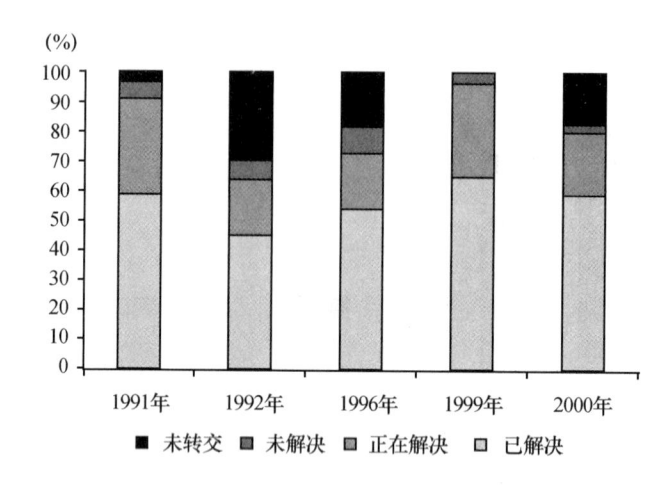

图 2—5 庆县政协全体会议提案办理情况统计

资料来源：档案 1—9；档案 1—10；档案 1—16；档案 1—14；档案 1—18。

定大局的需要"，也是"加强党和政府与人民群众联系的一条重要渠道"。① 党和政府明确肯定人民政协在"反映社情民意"方面所扮演的重要角色，并认为这是人民政协所应肩负的"具高度政治敏感性和重要性"的一项任务。② 党委和政府规定，人民政协反映社情民意，要特别注重建议性（突出着倾向性）、动态性（侧重于苗头性）、监督性（表现为职能性）和警示性（强调其重要性）。一份 1999 年的政协文件解释道：

> 所谓建议性，即针对某事提出体现民意的倾向性建议；动态性，即出现的有苗头性的最新重要情况；监督性，即对某人、某事、某项工作、某种情况……提出批评和意见，这实质上是一种监督，一

---

① 某县政协：《加强组织领导，提高办案品质》，档案 4—2，日期不详，第 1 页。
② 《在进一步做好反映社情民意工作电话会议上的讲话》，档案 4—3，1999 年 6 月 17 日，第 2 页。

第二章 政权吸纳的政治意义：人民政协如何巩固中国共产党的执政基础？

种非权力监督，一种人民政协所特有的职能性监督——民主监督；警示性，核心是提醒，其问题非常重要，不可忽视，某情况发展下去性质可能转化，某事件处理不当将会产生重大影响等。①

在庆县，人民政协在反映社情民意工作上执行全国政协"十报十不报"的原则，总的要求是"帮忙而不添乱"，至少需要注意跟踪分析和及时报告十个方面的情况，包括：

（一）对中央重要方针政策出台后和国内外重大事件发生后，有代表性的人物的重要表态，或有独到见解的反应，要报；一般性的表态可不报。

（二）对解决经济和社会发展中的难题，有创新意义的理论观点或有重要参考价值的对策性思路，哪怕是名不见经传的"小人物"提出的，要报；"炒冷饭"或缺乏可操作性的，可不报。

（三）对可能引起全国连锁反应或导致当地经济和政治生活严重紊乱，或导致国有资产流失等重大事件、举措、行为，要报；一般的物价上涨、环境污染等事件，可不报。

（四）对改革开放中具有普遍意义的新情况、新问题、新经验，而当地党政领导机关对此尚未引起足够重视或支持不力的，要报；党政部门已有反映，或有争议但不属于有意压制的，可不报。

（五）对群众情绪的普遍性变化，有可能引起局部性社会动荡的突发事件，即便是处于苗头状态，要报；对个别的牢骚、不

---

① 《在进一步做好反映社情民意工作电话会议上的讲话》，档案4—3，1999年6月17日，第2—3页。

满,或一般性的社会治安事件和群众纠纷,可不报。

(六)对领导机关、领导干部中的腐败行为和不正之风,情节恶劣、民愤很大而由于关系网的保护反映不上去,要报;一般性案件或道听途说的,可不报。

(七)对灾情严重,当地干部群众情绪动荡,需要中央或上级领导机关采取紧急措施的,要报;一般灾情和救灾情况,可不报。

(八)民族、宗教工作中的突出矛盾、突出问题,或有重要参考价值的对策建议,要报;民族宗教工作中的一般性情况,可不报。

(九)对委员直接了解到的台港澳人士和国际人士针对我国内政外交发表的有分量的评论,要报;对不是委员第一手掌握的,或分量不够的,可不报。

(十)对统战工作和政协工作中重要的意见、建议,包括对委员履行职责受到不公平待遇的情况,要报;对一般性的工作议论和日常工作进度,可不报。①

除这些重要情况外,地方政协委员也承担着发现和向本级党委、政府报告潜在社会不稳定因素的责任。例如,在1993年,庆县政协编印的《政协简讯》以及一些政协委员单独提交的报告都指出,该县民办教师的过低工资可能导致全县小学教育系统的教师队伍稳定出现问题。县委、县政府闻讯及时作出反应,有针对性地及时制定和公布了一系列调整小学教师工资水平的政策。② 在另一期

---

① 档案4—3,第6—7页。
② 《某县政协简讯》,档案5—3,1993年5月28日,第1—2页。

第二章　政权吸纳的政治意义：人民政协如何巩固中国共产党的执政基础？

《政协简讯》中，政协反映个别乡镇政府对街道小贩课税过重，并警告说若不及时加以改变，此事可能会引发严重的群体事件。县委、县政府于是立即下令要求对此展开彻底调查和纠正。① 从 1996 年起，县政协共编辑 62 期内部期刊《社情民意信息》，并向县党政机关反映了 1285 条重要社会情况。② 在严重紧急状况时期（例如 2003 年"非典型肺炎"防疫时期），政协对社情民意的搜集工作更积极迅速，报告也更频密。③

全体会议

县政协一年一度的全体会议是政协委员们履行民主监督和政治协商职能的最重要论坛。每年，县政协全会通常在县人民代表大会年会之前一周举行。这一时间安排既是为了方便会务筹备，也是旨在保证地方党委、政府领导都能够出席会议。④ 全体大会的议程几乎总是包括县政府的报告、政协领导的讲话、关于上一年度全会收到提案处理情况的报告，以及通过县政协"政治决议"等项。⑤ 除了这些程序化内容外，政协全会更重要的功用则在于为政协委员提供了直接向当地党委领导表达他们观点的场合。

---

① 《某县政协简讯》，档案 5—1，1990 年 8 月 10 日，第 1 页。
② 档案 10—1，第 1 页。
③ 同上书，第 17 页。
④ 《改进全会开法，提高协商品质》，档案 4—4，签发机关和日期均不详，第 1—2 页。
⑤ 《政协某县委员会关于政协机关工作制度的几项规定》，档案 3—6，1984 年 7 月 9 日。

◇ 结　语

对于庆县政协的田野调查研究显示，人民政协作为最重要的吸纳性政权机制，在中国政治中扮演着超乎前人所想的重要角色。人民政协对党和国家最重要的价值在于联络及吸纳党外精英和社会贤达。在中国，通过由人民政协所开展的、经过精心设计的各项政治活动，党政机关能持续关注中国社会最具影响力的社会领袖。这类政治活动不仅被用作简单的思想政治教育，更重要的是，它们提供了一个让地方政治精英和社会贤达发表意见、增进与政权联系和沟通的平台，为国家治理提供了一个有效的政治参与渠道。

人民政协的定位是成为党与政府之间的中间地带，其功能亦是对其他更加正式的、依宪法设立的法定政治机关（例如人民代表大会）的补足。在官方话语中，人民政协和人民代表大会经常并列地获称为"两会"。但是，这两个机构和制度之间存在明显差别。人大代表由选举产生，而政协委员则往往是由政府从党外精英和社会贤达中挑选。就职能而言，人大拥有立法权，而人民政协则是一个不具有法定决策权力的政治协商机构。在庆县，人大通常为决策过程和结果赋予其程序合法性，而人民政协则承担决策过程中更直接的政治参与及政治协商之职能。作为一个中国独特的吸纳式政权机制，人民政协在协助执政党建立、巩固和维持国家基本政治秩序的稳定和安全方面所扮演的重要角色，绝不应受到忽视。

第三章

市场经济下的参与式治理：
村民代表会制度如何改善中国农村治理素质？

社会主义国家指令性计划经济体制向市场经济机制的转型，不但带来国家社会经济生活的深刻变化，而且必然带来国家治理之道的更新。但当代政治学者们对这种经济转型与治理改革之间的相互依存关系的解释却不尽相同。通过对河北庆县的田野调查研究，本章尝试解答，在向社会主义市场经济体制转型的过程中，因应治理资源的变化，中国地方党委和政府如何充分发挥政治体制的灵活性和高度弹性，探索采用更透明、参与度更强的治理方式来维护基层社会政治秩序的稳定和改善治理素质。

本章将深入研究在 21 世纪的头十年，一场由华北某县（以下仍以"庆县"代称）的党委和政府推行、以重建农村的村民代表会制度为核心的基层治理制度改革。[1] 透过大量田野调查研究，本章检视村民代表会制度在庆县农村得以重建和运作的动因与理据。通过分析

---

[1] 西方学界已有的关于村民代表会制度的讨论，参见 Susan V. Lawrence, "Democracy, Chinese Style," *Australian Journal of Chinese Affairs*, 1994, (32), pp. 61 – 68; Kevin O'Brien, "Implementing Political Reform in China's Villages," *Australian Journal of Chinese Affairs*, 1994, (32), p. 43; Jean C. Oi and Scott Rozelle, "Elections and Power: The Locus of Decision-making in Chinese Villages," *The China Quarterly*, 2000, (162), pp. 513 – 539; Robert A. Pastor and Qingshan Tan, "The Meaning of Chinese Village Elections," *The China Quarterly*, 2000, (162), p. 494。

村民代表会制度在庆县的复兴，本章揭示，改革开放时代的市场经济改革，不可避免地使农村基层政权组织失去传统的收入来源，令其逐渐从人民公社体制下的租利分配型政府（rentier state），变为市场经济条件下的税收型政府（taxation state）。因应这种治理资源的根本转变，庆县党委和政府开始考虑通过开放制度化的代表渠道，来推动在市场经济改革下的治理制度创新，以在新的社会经济条件下维系政府对农村社区的管理和服务，保障国家基本政治秩序在基层社会的稳定。

◇旧制度

在1949年中华人民共和国成立前，村庄代表集议制度曾经在中国农村治理中扮演着举足轻重的角色。传统上，一种被称为"村民代表会"或是"村民会议"的乡绅集会议事机制在华北平原大小村庄的公共事务管理中扮演着决策主体和治理机构的双重角色。[1] 在庆县，

---

[1] 参见 Max Weber, *The Religion of China: Confucianism and Taoism*, trans. and ed. H. H. Gerth (New York: Macmillan, 1964), p. 91; Sydney D. Gamble, *North China Villages: Social, Political, and Economic Activities Before 1933* (Berkeley: University of California Press, 1963); Philip C. Huang, *The Peasant Economy and Social Change in North China* (Stanford: Stanford university Press, 1985), p. 219; Huaiyin Li, *Village Governance in North China, 1875 – 1936* (Stanford: Stanford University Press, 2005), p. 8; Pauline B. Keating, *Two Revolutions: Village Reconstruction and the Cooperative Movement in Northern Shaanxi, 1934 – 1945* (Stanford: Stanford university Press, 1997)。马克斯·韦伯（Max Weber）认为中国村庄的"自我治理"是传统中国农村社会具有决定性的特征之一。悉尼·甘博（Sydney D. Gamble）基于他20世纪30年代在11个华北村庄的田野调查，同样强调了当地社区内生的权力结构在村庄治理中所扮演的重要角色。黄宗智指出，农村本地社群在政府、乡绅和村庄的三角关系中扮演关键角色。根据20世纪初针对河北省怀鹿县的研究，李怀印认为统治本地社群的是一种村民之间的义务合作形式，是本地村民自我承担了保甲和里甲的管理职责。宝琳·可亭（Pauline B. Keating）则发现，即便在20世纪30年代晚期华北建立许多红色革命根据地之后，中共地方组织在农村地区仍然依赖传统的村民会议制度来履行边区政府的管理职能。

第三章 市场经济下的参与式治理：村民……改善中国农村治理素质？ **81**

传统村庄的治理很大程度上依靠这些村庄议事机构而进行。根据20世纪30年代出版的庆县县志记载，对该县一个典型村落而言，有四个管理机构是必不可少的，即村民会议、村公所、村息讼会和村监察委员会。当中，村民会议在村庄公共事务的决策和监督上扮演中心角色。[①] 表3—1列出了由庆县县志所记录的该县传统村落中主要治理机构的分工情况。

中华人民共和国成立后，随着农业社会主义改造的逐步进行，农村地区村庄治理所依赖的资源结构和治理方式都发生了翻天覆地的变化。自20世纪50年代起，农业集体化逐步削弱并打碎了传统的以集议制度为核心的村落治理体系；通过土地改革、合作化等一系列群众运动，政权有效延伸至中国政体的最基础层级，人民公社体制得以建立起来。在人民公社体制下的华北农村，生产队、生产大队和人民公社成为农村地区政治治理、思想教育、运动领导和生产管理四者合一的综合政权组织；人民公社作为政权在地方层面的延伸和代表，对其管辖的生产大队和生产队进行严格控制。

随着农村联产承包责任制在20世纪80年代的全面兴起，人民公社体制正式宣告终结，广大农村地区进入了新的时期。在改革开放时期，中国农村面临着一个亟待解决的重要治理问题，即传统上依靠乡绅集议制度进行治理的方式已经遭革命废除，而事实证明人民公社制度也因不符合新时期市场经济转型的要求而逐步退出历史舞台，那么，这种因急速的社会经济转型而带来的农村治理制度真空，应由怎样的新治理方式来填补呢？

---

① 《某县志》第五卷，1931年3月，第26—27页。

表 3—1　　　　　　　　1949 年前庆县农村村庄治理结构

管理机构	职权
村民会议	制定村务规章
	选举村长和副村长
	选举权
	选举息讼会成员
	选举监察委员会成员
	罢免权
	弹劾和罢免村级官员
	公民投票权
	就村长或副村长提出的动议作出决定
	就监察委员会转呈的动议作出决定
	就区县转呈的动议作出决定
	就村民提出的动议作出决定
	修正村务规章
	决定村庄边界
	与邻村协商
村公所	执行村务规章
	管理村卫队武器
	管理村财政
	修建和维护村内道路
	改善民风民俗
	清洁运河水路
	防灾救灾
	改善村庄卫生
	提高村民教育水平
	发展村庄产业
	执行村民会议决议

续表

管理机构	职权
村公所	履行县区级政府规定的职责 向当地政府汇报（村内）突发事件 其他应由村政府办理的事项
村息讼会	听取和裁决争议双方的申诉 听取和处理区县政府转交的案件
村监察委员会	监督本村公职人员日常工作 审计村财政 听取和处理村民投诉

资料来源：《某县志》第五卷，1931年3月，第26—27页。

尽管1987年颁布的《村民委员会组织法（试行）》为改革开放时期的中国农村创设了一整套自治管理体系，建立了由中国共产党在村庄设立的党支部和由村民选举产生的村民委员会共同组成的双重治理系统，但该法对于这两个管制机制之间的权力并未作出清晰划分。该法第十六条和第十七条非正式地提及了村民代表会作为新的集议制度的存在。在1998年的《村民委员会组织法》修订版中，第十九条厘清了这一模糊条款，列举了九项应属村民代表会审议的公共事务，基本涵盖农村生活的每一层面。然而，尽管村民代表会在法律上存在，但在实际中它甚少按条文所规定的那样行使其职能。[1] 这牵涉以村党支部和村民委员会为双重治理机制的农村治理制度内在的矛盾。

---

[1] O'Brien, "Implementing Political Reform in China's Villages"; Oi and Rozell, "Elections and Power".

在1992年2月颁布的《中国共产党农村基层组织工作条例》中，第二条明确指出，中国共产党的基层支部应是"乡镇、村各种组织和各项工作的领导核心"。作为执政党的基层组织，中国农村的村党支部在改革时期仍始终保持着村庄最高决策和政策执行机构的核心领导地位。除此之外，相关制度安排也确保并强化党在农村的基层组织的权力地位。就最低限度而言，这些安排包括村党支部和村委会之间的联席会议制度，以及由同一人兼任村支部书记和村委会主任的所谓"一肩挑"制度。这些制度安排使村民自治组织和党在农村的基层组织之间的制度性界限变得更为模糊。这一高度集中的治理结构没有容纳传统村庄集议制度的空间。① 在这种背景之下，2001年以前，庆县没有任何一个村庄能够实施由《村民委员会组织法》所规定的村民代表会制度，更遑论有效监督村支部和村委会的权力。一份由庆县县委发布的文件写道：

> 尽管村民委员会组织法赋予了村民民主权利，使他们能够通过村民代表会来直接行使这一权利，但由于村民代表会无法如组织法中所规定般召开，那些权利只是名存实亡……村民自治实际上变成了村干部治理。②

◇ 改　革

从2001年开始，庆县县委发起了一项农村治理制度的改革。这

---

① 王石奇、王金华：《两委为什么成了对头？》，《乡镇论坛》2001年9月，第7—8页。
② 某县县委办公室：《某县村治模式资料汇编》，2005年3月，第3页。

第三章　市场经济下的参与式治理：村民……改善中国农村治理素质？ 85

次改革旨在重新建立村民代表会在村庄治理中的中心地位，并力求使之成为一个真正有职有权的村民参与式治理组织，以有效地制衡村委会的权力，改善治理素质。根据这一改革，庆县的每一个村庄都应通过公开选举产生一个村民代表会，其中每个村民代表应代表十至十五户人家。经过改革，重建的村民代表会得以重新扮演村庄政治中的核心角色，被赋予可观的决策权力。根据该县的《村级组织工作规则（试行）》，经恢复后的村民代表会拥有九项职能，包括：

（一）讨论修改本村的《村民自治章程》或《村规民约》；

（二）讨论决定本村全年的工作计划和主要措施；

（三）听取和审议村民委员会工作情况，监督村民委员会工作；

（四）审查本村全年财务预决算和上年度财务收支决算；

（五）讨论决定村民会议授权的涉及村民利益的重大事项；

（六）向群众宣传村民代表会议决定并带头执行；

（七）广泛搜集村民意见，及时向村民委员会提出工作建议；

（八）对造成重大工作失误或不称职的村民委员会成员提出罢免建议，对村民代表提出罢免建议；

（九）讨论村干部工作报酬。[①]

[①] 某县县委办公室：《某县村治模式资料汇编》，2005年3月，第21页。村民会议由全体村民参加，其职责包括：（一）制定、修改《村民自治章程》和《村规民约》；（二）讨论决定本村发展规划和年度计划；（三）审议村民委员会工作报告、村财务收支情况报告，评议村民委员会成员的工作；（四）选举、罢免、补选村民委员会成员；（五）撤销或者改变村民委员会不适当的决定；（六）撤销或者改变村民代表会议不适当的决定；（七）讨论决定涉及村民利益的重大事项。除（一）、（四）、（六）项外，村民会议可以授权村民代表会讨论决定。

此外，村民代表会还被赋予监督村委会财务账目的权力；每个村民代表会均设立一个常设的村级财务监督小组来执行这项监督职能。

本次改革的重要创新在于，庆县县委把恢复后的村民代表会与村级党支部书记干部的选拔任命联系起来，并加以制度化。县委规定，任何人在被新任命为村党支部书记之前，必须通过选举当选为本村村民代表会成员；现任的村党支部书记在连任之前，也必须于本村村民代表会选举中当选为村民代表。如果一个现任党支部书记未能获选为村民代表会代表，将被要求辞去党内领导职务。县委文件中明确规定："在村级民主选举中未能当选成为村民代表会或是村委会成员的支部书记，必须辞任其职务。"[1] 在庆县首次村民代表会选举中，85.4%的现任村党支部书记获得了村代会席位，而未能当选的党支书们则被要求辞职。[2] 在2006年的第二届村民代表会选举中，现任党支部书记的当选率上升到92.8%。[3]

这项农村治理制度的改革在庆县迅速取得进展。在短短一年之内，庆县所辖的354个行政村均成功选出了村民代表会，总共6409名村民代表当选。[4] 表3—2和表3—3反映了经2004年和2006年分别举行的村民代表会选举所产生的村民代表群体的基本状况。

---

[1] 某县县委办公室：《某县村治模式资料汇编》，2005年3月，第73页。
[2] 作者对某县县委组织部官员的访谈，2005年7月。
[3] 某县县委组织部：《全县第七届村民委员会换届选举工作情况统计表》，2006年8月。
[4] 某县县委办公室：《某县村治模式资料汇编》，2005年3月，第72页。

第三章　市场经济下的参与式治理：村民……改善中国农村治理素质？

表3—2　71个村村民代表会代表统计（2004年6月第一届选举）

类别	人数	百分比（%）
党员	538	41
私营企业主	135	10
红白理事会*领导	128	10
专业户	317	24

注：村民代表会代表总数为1323人，平均每个村民代表代表村民人数为18.63人。*红白理事会是一个协助安排村民婚礼及葬礼事宜的义务组织，为庆县主要非官方组织。

资料来源：某县县委办公室：《某县村治模式资料汇编》，2005年3月，第79页。

表3—3　345个村村民代表会代表统计（2006年8月第二届选举）

类别		人数	百分比（%）
党员		2463	38.8
党支部成员		655	10.3
村委会成员		540	8.5
女性		143	2.3
年龄	<35岁	294	4.6
	36—55岁	3969	62.5
	>56岁	2084	32.9
学历	初中及以下	5116	80.6
	高中或同等学力	1190	18.8
	本科或以上	35	0.6
职业	农民	3919	61.7
	特殊农户	1352	21.3
	私营企业主	850	13.4
	其他	226	3.6

注：村民代表会代表总数为6341人，平均每个村民代表代表村民人数为18.37人。

资料来源：某县县委组织部：《全县某届村民委员会换届选举工作情况统计表》，2006年。

经选举产生的村民代表会遵循严格的程序开展工作。因为庆县每个村民代表会平均由18—19名成员组成，所以其成员能较容易地召集起来召开定期会议，议事和开展其他工作的效率也相对较高。村民代表会的日常工作遵循着典型的立法机构之工作流程。紧接着每次选举之后，当选成员会尽快集会并选出一名村民代表会主席，以负责召集和主持村民代表会任期内所有会议。村民代表会在每个月的固定日期开会，并在有超过1/3村民代表联合提议时举行特别会议。① 有关村民代表会讨论的提案，必须在会议前提前分发给村民代表会代表，以便他们对提案进行独立而深入的研究。在每次会议中，当村民代表们就每个议案完成辩论之后，他们会动议进行投票。只有当某项议案获至少2/3以上的赞成票后，它才会生效。然后，此决议将会被记录在案，而每一名村民代表必须在官方记录上盖上统一制作的个人印章做实。此后，村民代表会将在村中公布决议并且由村委会按决议执行。村委会须每月向村民代表会议汇报工作；负责监察村委会财务账目的常设小组，亦同样须向村民代表会汇报。与改革开放初期中国农村的村级民主选举实验相比，庆县的改革更具有革新性——它旨在重构一个具有代表性的参与式治理机构，以作为农村治理的权力中心，而非仅仅着眼于通过选举产生出一任村委会主任或是党支部书记。

在数年的实验后，庆县的村民代表会在农村治理中也的确逐步成为一个拥有实质权力的参与式治理机构。村民代表会的功用体现在以下几个方面。②

---

① 这对代议制民主来说是相当实质的安排。根据国家组织法，代表会议必须由党组织通过村委会召集。

② 以下案例中的村庄名称均为代称。

制衡行政权

在庆县，村民代表会成为一个具有实权的机构，而它能够起到制约村委会行政权力的作用。作为一个代表着农村社群的参与式治理机构，村民代表会对于村内重要的公共事务有决策权，并且有能力持续监督村委会的日常运作。比如，2004年王村的村委会提议为修建村内道路和升级村内供电系统，需向每户收取50元人民币摊派费用。当这项提案呈交给村民代表会审核时，经讨论，大部分村民代表认为这两项工程缺乏必要性，并予以否决。由于无法筹集到足够资金，村委会提议的这两个项目最终被搁置。[1]

2003年，有公司希望在谢村投资建立一个养鸡场。然而，由于该村村委会未能就划拨养鸡场用地一事获得村民代表会的同意，这项引资计划最后也未能实现。[2] 2004年3月，牛村的村委会制订了一份计划，准备将一些原公共用地规划成宅基地并予以分配。然而，村民代表会在讨论和投票后否决了此项计划。村民代表会还起草了一份不同的分配方案，而新方案得到了大多数村民代表的支持，并付诸实施。[3] 在饶村，村民代表会不仅绕过村委会决定将原村集体所有企业卖给私人公司，并且密切地监督了整个交易流程。[4] 在策村，在圤支部书记王某决定出售三口公有水井，并投资挖掘另一口深水井之

---

[1] 某县县委组织部：《某县模式案例汇编》，2005年11月，案例二，内部文件，未标注页码。
[2] 某县县委组织部：《某县模式案例汇编》，2005年11月，案例一。
[3] 同上书，案例三。
[4] 同上书，案例十一。

前,他并未通过村委会将方案提交给村民代表会并获得其批准,而是直接上马开工。村民代表们自然发现了此项工程,并质疑净水供给问题并非该村当务之急。开会讨论后,王某先前的决定被否决,而其工程也随之被叫停。[①]

影响干部任命

村民代表会对村庄主要干部的任命也逐渐具有很大影响力,故此它能透过影响村干部的人事安排,使相关人选对社区利益和民众需求担负起更大的负责。在绍村,村支部书记和村委会发现,根据县政府新颁布的法规,如果没有该村村民代表会的同意——因为村民代表会对村里的主要负责干部任免具有批准权——他们无法辞退现任的村会计。而村民代表会也一直没有批准他们辞退这位会计的建议。[②] 在北村还发生了一个更极端的例子:村民代表会的代表们通过投票成功弹劾了不得人心的该村村委会主任。在该项弹劾决议获通过并被呈交致北村的上级镇党委后,这名村委会主任就被宣布免职了。[③]

提供公共论坛

在庆县,村民代表会为多元的社会利益诉求提供了一个参与平台,容许它们相互竞争及折中。这一制度有助于缓和人民公社体制下单一化治理制度所无法轻易解决的社会矛盾。2003年1月,邵村计划

---

① 某县县委组织部:《某县模式案例汇编》,2005年11月,案例五。
② 同上书,案例四。
③ 同上书,案例六。

与承包集体所有的枣树林的现承租户续约。然而，由于一些村民反对这个计划并且要求重新竞标，使得续约事宜陷入僵局。及至该村村民代表会召开会议，双方在会上详尽阐述各自的诉求，并最后达成保持原有竞标结果的解决方案，事件才圆满结束。[①] 在蓝村，被称为"南院""北院"的两个敌对宗族势力已经相互争斗了将近半个世纪。因为这一历史宿怨，蓝村的各项公共事务、公共建设和福利项目等始终处于停滞状态，无法达成任何共识。村民长期上访互相告状。村民代表会成立后，为蓝村对立的两大宗族势力提供了一个制度化的协商空间和均等参与式的治理平台；两个长期敌对的宗族可以通过各自的村民代表在村民代表会程序范围内表达各自的顾虑、辩论村务并分享决策权。最后，通过村民代表会机制的运作，两个对立宗族在该村许多拖延多年未能落实的公共项目上达成妥协，包括村内公共道路整修、水井挖掘、有线电视安装和覆盖全村的公共医疗保险等重要民生事项。村民代表会这一参与式治理平台，对于提高农村治理素质的积极影响是不言而喻的。

◇ 推动力

庆县的治理制度改革和经重建的村民代表会，显著促进了民众对基层治理的参与感和农村治理素质，是地方党委和政府对于市场经济改革对中国基层治理提出新要求的回应。实际上，在地方政治中，民众参与形式和参与方式的逐步演化是十分复杂的过

[①] 某县县委组织部：《某县模式案例汇编》，2005年11月，案例十二。

程，牵涉多重推动力。当中有许多推动因素，早已获有关社会经济功能主义（socioeconomic functionalism）文献所讨论，包括民众更高的收入、社会因素的变革、群众动员能力的增强以及基层社会冒起的权利意识等都有可能促进参与式治理改革；这些因素在庆县改革进程中也并非毫无作用。[①]

尽管对参与式治理改革而言，有利的社会经济条件相当关键，但对于因应性的政治改革而言，最终仍有赖于执政党的研判、学习和选择。深入的田野调查研究显示，在庆县，直接推动参与式治理改革的力量乃是源自基层政权在市场经济条件下收入模式的巨大改变。正如艾德蒙·伯克（Edmund Burke）所言，"税收就是国家"。在人民公社体制下，庆县基层政权的财政收入主要来自人民公社对农村经济生产的垄断。尽管由人民公社主办的集体所有制农业和生产队副业的效率、产量不高，但仍能为基层政权提供相当的财政基础，以支援公共服务和政府治理。在人民公社制度终结后，以家庭为单位的农副业生产，重新成为中国农村的政治、社会以及经济生活的基础。随着人民公社时代的农村集体计划经济的结束，以及市场改革的进一步深化，庆县管辖范围内的村庄立刻失去了它们原有主要的公共收入来源，治理所赖以存在的经济基础发生了深刻变化。

与此同时，自20世纪80年代始，中国共产党开始放弃以"阶级斗争为纲"和"无产阶级专政下继续革命"的理论，全党的工作重心开始向经济发展和现代化建设转移。有鉴于发展经济的主要目标，中央政府——现在是一个"发展型国家"（developmental state）——

[①] John Waterbury, "Fortuitous By-Products," *Comparative Politics*, 1997, 29 (3), p. 384.

第三章 市场经济下的参与式治理：村民……改善中国农村治理素质？ | 93

也开始将大部分由中央控制的财政资源分配到城市建设、科技进步和工业发展上。与此相比，农村的公共服务和建设所获得的中央财政支持相对减少。① 如图 3—1 显示，从 1990 年到 2006 年，用于支持农业和农村的中央财政拨款在总预算中所占比例，从 20 世纪 90 年代的 10% 下降到 2006 年的 7% 左右。② 此外，这一有限的中央财政拨款往

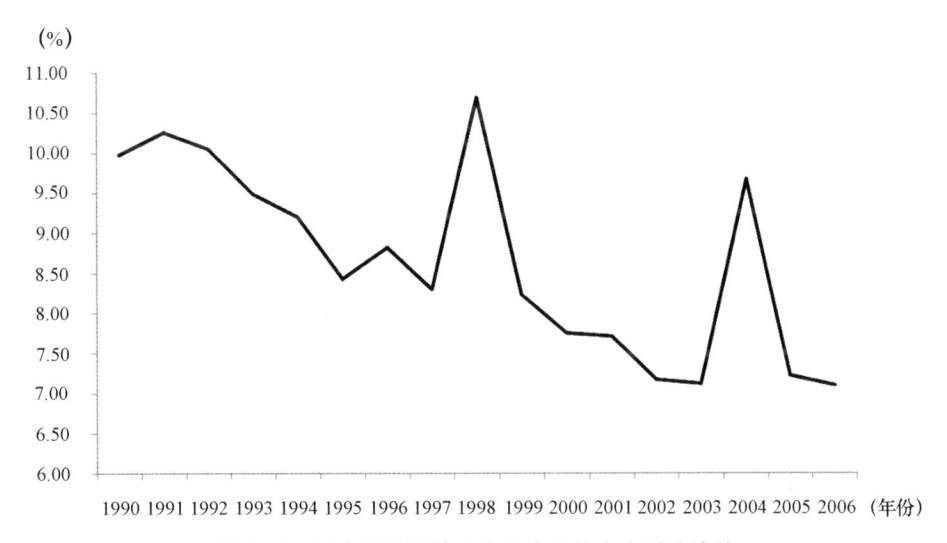

图 3—1 国家财政预算中资助农业的中央财政拨款所占比例（1990—2006）

注：2007 年之后的相关数据不再于《中国统计年鉴》中公布，2006 年数据不含用于全国农村合作医疗保险项目实验的特殊拨款。

资料来源：《中国统计年鉴（1990—2006）》，中国统计出版社 1991—2007 年版，第 282 页。

---

① Thomas P. Bernstein and Xiaobo Lu, "Taxation and Coercion in Rural China," in Deborah Brautigam and Odd-Helge Fjeldstad (eds.), *Taxation and State-Building in Developing Countries* (New York: Cambridge University Press, 2008), pp. 89–113.

② 1998 年 10.7% 的百分比高得不寻常，可能是因为十五届四中全会通过了一份重要的农业改革方案，以及整个党政系统为准备和推行该项方案而对农村地区极端重视。一个相似的提高农村居民收入水平的决议同样轻微地提升了该年度农村地区的预算分配。

往要通过多层级的行政管理体系逐级下拨，而不同层级的政府通常都会截留一部分款项，使得村镇一级所获得的中央和上级财政支持极为有限。是故在改革开放时期的农村，多数村庄需要为本村公共建设和福利项目自行筹措解决绝大部分资金。[1] 这与人民公社时期有明显差别。

人民公社时期的生产大队和改革开放时代的行政村党支部、村委会之间最显著的区别在于，前者既是一个政治治理组织，同时也是一个具有相对固定收入的经济体和生产单位，而后者仅仅是一个依靠租利、税收和摊派（所谓"税费"）运作的政治组织。在公社体制解体之后，庆县乡村的财政收入主要有以下三种来源：（1）中央所征收的款中极小一部分分成；（2）与中央一同征收、由地方政府共用的地方性统筹（levies）；（3）村办集体所有制企业的利润上缴。[2] 在改革开放的最初近二十年内，这一村级公共财政上的制度安排支撑着农村政府向基层社区提供基本公共服务的能力。

然而，20世纪90年代以来，由于公共开支的增长，地方政府通常不得不透过高压手段来征收税费、统筹及摊派欠款，这形成了农村"乱摊派、乱收费"问题，此成为农民的反抗情绪和社会不稳定因素的主要来源。为了保证农村的稳定，2002年起，中共中央和国务院决定逐年减轻农民所承担的繁重税费负担。中央政府首次发起了一项"治理乱收费乱摊派运动"，通过"三个取消、两个调整"（即取消屠

---

[1] 参见 Linxiu Zhang, Renfu Luo, Chenfang Liu and Scott Rozelle, "Investing in China," in Vivienne Shue and Christine Wong (eds.), *Paying for Progress in China: Public Finance, Human Welfare and Changing Patterns of Inequality* (New York: Routledge, 2007), esp. pp. 121–124。

[2] 笔者对某县村支书的访谈，2005年7月。

第三章 市场经济下的参与式治理：村民……改善中国农村治理素质？

宰税、乡镇统筹款和农村教育集资费三个专向农民征收的行政事业性收费及政府性基金和收费；调整政策、调整农业特产税征收办法），逐步禁止地方政府在国家税收框架以外另行向农户征收和摊派费用。之后，中央政府于 2004 年进一步宣布将在五年之内免除——这一时间后来又缩短为三年。表 3—4 简述了这次减税运动后，庆县农村村级财政来源结构改变的状况。

表 3—4　　　　　税制改革前后庆县村级财政收入结构示意

	税制改革前	第一期改革后	第二期改革后
农村公积金	有	无	无
农村公共管理费	有	无	无
乡统筹	有	无	无
义务工	有	无	无
积累工	有	无	无
农业税[*]	有	有（7%）	无
农业税附加税	有（税率不同）	有（1.4%）	无
转移支付（农村领导薪资补贴）	无	无	有

注：[*] 税制改革前，此项税收包括农业税、农业特产税和屠宰税。

资料来源：笔者于 2005 年冬及 2006 年春对庆县基层和农村领导干部的访谈。

表 3—5　　　　　庆县农业税占农村公共建设项目支出的百分比

年份	农业税收入（元）	农村公共投资（元）	税收与支出之比（%）
1970	794000	613000	130.00
1971	602000	811000	74.23

续表

	农业税收入（元）	农村公共投资（元）	税收与支出之比（%）
1972	560000	1026000	54.58
1973	696000	1174000	59.28
1974	670000	1304000	51.38
1975	671000	960000	69.90
1976	420000	1354000	31.02
1977	545000	1329000	41.01
1978	717000	2383000	30.09
1979	490000	1671000	29.32
1980	400000	955000	41.88
1981	530000	811000	65.35
1982	770000	705000	109.22
1983	850000	755000	112.58
1984	530000	863000	61.41
1985	865000	606000	142.74
1986	954000	569000	167.66
1987	1010000	817000	123.62
1988	930000	1189000	78.22
1989	956000	2040000	46.86

资料来源：《某县志》，方志出版社1999年版，第349—350、352—353页。

根据国家统计局数据，2005年，中国农村人均税务负担为13.1

元人民币，与2004年的24.4元相比，回落了46.3%。在河北省，包括庆县，2005年农村人均农业税负为10.3元人民币，与2004年相比降低了67.3%。[1] 在农业税费改革之前，所带来的税收分成是庆县乡村的公共服务、建设和福利项目的重要资金来源；正如表3—5所显示，税制改革前，来自的收入分成占据了庆县农村公共项目投资来源的绝大部分。废除及禁止乱收费运动进一步改变了庆县农村治理所依赖的财政资源结构。

改革时期的另一项主要的制度性变化，就是原乡镇集体所有制企业的产权结构大规模转为个人所有。自从中国在20世纪80年代逐步放弃中央指令性计划经济体制后，中国的农村多种经营开始发生日新月异的变化，走上了快车道。随着20世纪90年代市场经济的进一步发展，许多乡村在从事本身农业经济发展的同时，开始拥有数量相当可观的、超越乡镇政府控制、体制灵活的村办集体企业。在改革开放时代大潮中涌现的这些大量的集体所有制村办企业，活跃在中国各地农村——它们有的是继承自人民公社时期的社办和队办企业，有些则是由当地致富能人创立，但戴上了集体所有制的"红帽子"。在改革开放初期，乡镇企业的蓬勃发展和耀眼成就，与经济绩效不断下滑的国有企业相比，被普遍视为中国经济发展的奇迹。而乡村作为村办企业的法定拥有者，绝大多数对下辖的村小集体工厂进行利润分成。实际上，20世纪90年代之前，庆县的大部分村委会已经把村办集体企业上缴的利润作为在村庄内提供公共服务的主要资金来源。

然而，随着市场改革的深化，90年代之后，原先由集体所有的

---

[1] 叶青、王银梅：《当前农民负担税变费问题的研究》，《地方财政研究》2007年第1期，第42—46页。

大部分村办企业被私人收购，村办企业的产权结构开始逐渐从集体所有转型为个人所有。随着村办企业的个人产权转型，没有征税权的村委会开始逐渐失去对它们的绝对掌控，越来越多的乡村企业不再在国家税收框架之外额外向村集体上缴利润。根据表3—6中的数据，从1996年到2004年，庆县所在省的集体所有制企业在省内经济总量中所占的比例从14.14%降至仅有1%左右。另外，笔者在村民代表会改革期间进行的一项针对庆县211位随机挑选的现任村支书的问卷调查显示（见表3—7）：截至2006年春天，庆县大部分的村支书（约74%）表示他们已经不对任何集体所有企业拥有控制管理权，而大约60%的受访村支书表示在他们村庄里已没有任何集体所有制企业。随着村办企业的改制，村委会的另一项传统收入来源又随着市场化浪潮逐步消失。

表3—6　　某省集体所有制企业在全部企业中的比重

年份	总企业数	集体所有制企业数	百分比（%）
1996	1812924	261302	14.41
1997	859832	44925	5.22
1998	854341	41525	4.86
1999	974061	37256	3.82
2000	1012984	33591	3.32
2002	1053624	22432	2.13
2003	1074696	19707	1.83
2004	1180890	12084	1.02

资料来源：中国乡镇企业年鉴编辑委员会：《中国乡镇企业年鉴（1997—2005）》，中国农业出版社1997—2005年版。

第三章 市场经济下的参与式治理：村民……改善中国农村治理素质？

表3—7 关于庆县集体所有制村办企业情况对211位村党支部书记的问卷调查（2005—2006）

问题：你是否仍管理村办集体所有制企业？

	人数	百分比（%）
是	21	9.95
否	157	74.41
未回应	33	15.64

问题：你村现尚有多少个集体所有制企业？

	人数	百分比（%）
0	127	60.19
1	19	9.00
2	5	2.37
3—4	2	0.95
7—8	2	0.95
>8	1	0.47
未回应	55	26.06

问题：集体所有制乡镇企业是否是你村主要公共收入来源？

	人数	百分比（%）
是	25	11.85
否	179	81.00
未回应	17	8.06

资料来源：笔者于2005年冬及2006年春对庆县农村干部所作的问卷调查。

◇◇ 税收和代表性

在历史上，发生在中国北部平原地区的村级财政危机，一度是推动治理体系变革的重要动因。21 世纪初期，中国农村经济领域中的快速市场化变革再一次衍生出由于村级财政失去了传统人民公社或改革开放初期集体村办企业体制下的收入来源，而出现的严重资金短缺问题。财政困难随之影响了农村公共服务的提供。例如，灌溉设施是华北乡村最重要的公共服务之一。根据《人民日报》于 2005 年 11 月的报道，在减免运动之后，全国范围内农村地区灌溉设施建设的人力投资减少了 70%，资金投资则减少了 700 亿元人民币之多。《人民日报》大胆提出，逆转这一投资赤字的唯一方法，就是党把传统计划经济下农村的"行政命令"式治理体系，逐步转变成新的"民主管理"体系。①

全国范围内的废除、地方治理乱摊派乱收费运动，以及乡镇企业的大规模产权转制，这三项重要的体制性变化对庆县村庄的财务状况产生了深远影响——它们带来的政治后果远不止于村委会失去了传统税收基础那么简单。随着集体所有制村办企业向个人所有转制，乡村的治理系统也正逐渐失去对农村社会的经济控制。农村社区因而从普遍的社会主义式恩庇网络（pervasive socialist patronage network）中解放出来。一方面，在传统人民公社体制下，农村治理体系对农民社会由上而下的管理在很大程度上

---

① 翟浩辉：《近年来原有农田水利建设的投入主体组织形式等都在发生变化，总体投入下滑明显，农田水利建设呼唤新机制》，《人民日报》2005 年 11 月 28 日。

第三章　市场经济下的参与式治理：村民……改善中国农村治理素质？

有赖于村集体对以下三者的控制：农民收入、就业机会，以及主要由集体所有村办企业资助的公共福利项目。时至今日，如若基层干部再无法通过控制必要的制度资源和经济基础来对村民奖功惩过，农村干部传统上专断的"命令式"治理方式也就难以为继。在地方公共服务开始依赖于村民的自愿筹款时，地方干部以及普通村民都开始认为一种新的村务管理模式更为适合当下农村，那就是：基于民众参与、按民主方式运作、以地方社区意愿为依归的参与式治理模式。村民代表会制度正是对这种参与式治理模式的大胆试验。

在急速的市场化改革条件下，如何因应村级治理体系权力资源的变化而加强和巩固农村治理，对于中央政府来说也具有迫切性。对于乡村公共财政的枯竭，国家层面推行的制度改革被称为"一事一议"[①]。在这一制度下，每次村级社区需要进行集体工程建设或者增加福利开支时，村党支部就应召集一次村民会议进行商讨，并且通过公开辩论达成共识，然后再向农村社区征收摊款，以解决公共财政开支问题。然而这种"一事一议"制度其实是不切实际的。简单来说，在农村，一旦村庄需要筹集资金开展公共建设或服务，就要召开全体村民会议，这本身就是一件不大可行的事情。即使会议能够按照"一事一议"所要求的频次顺利举行，由于此种议事会上没有订明的议事流程，一群有着不同利益诉求和各自私心计算的村民七嘴八舌，要达成共识是一件极为困难的事情。此外，由于"一事一议"的体制缺乏

[①] 关于"一事一议"制度，参见中华人民共和国农业部农经发 2000—5 号《村级范围内筹资筹劳管理暂行规定》，2000 年 7 月 6 日。此暂行规定于 2007 年修订为国务院办公厅文件〔国办发 2007—4 号〕，参见国务院办公厅《国务院办公厅关于转发农业部村民一事一议筹资筹劳管理办法的通知》，2007 年 1 月 16 日。

常设的参与式集议实体,及对于款项开支的制度化监管机制,因此无法为筹款机构(村两委)的募款和开支提供可靠度和认受性,也没有提供任何合法方式来惩罚拒绝执行"一事一议"决议的村民。事实上,根据国家统计局 2004 年进行的一项统计,在"一事一议"制度颁行后,只有约 10% 的村庄曾尝试使用这个支离破碎的体制来解决村庄公共财政问题,而在此机制下的人均筹款数量仅为 1.6 元人民币。[①]

与上述由中央设计的"一事一议"制度相比,庆县以村民代表会为核心的参与式治理体系改革则更为合理、可行,并且效果显著。公开选举村民代表会代表、明文确定村民代表会的工作和议事流程,将村民代表会选举与村党支部干部任免之间的联系以制度化形式规定下来,皆保证了以村民代表会制度为核心的参与式集议制度能真实有效地代表农村社区的意愿和利益,从而促进官与民、治理的主体与对象,以及政权与社会之间的协调、沟通和良性互动,从而提高治理的效率和质量。

正如本章所反映的那样,推动治理结构进行改革的推进力,是地方党和政府因应农村公共财政收入基础在市场经济条件下的变化,对充分发挥体制弹性、大胆鼓励参与式治理的高度意愿。长久以来,西方研究者都指出政权税收基础的变革,对于国家构建的形态和道路具有巨大影响力;在许多中东国家案例的分析中也能发现同样的规律。[②]

[①] 黄坚:《从"一事一议"看政策性调研的配合陷阱》,《调研世界》2007 年 2 月,第 44—47 页。

[②] Lisa Anderson, "The State in the Middle East and North Africa," *Comparative Politics*, 1987, 20 (1), pp. 1 - 18; Dirk Vandewalle, *Libya Since Independence: Oil and State-Building* (Ithaca: Cornell University Press, 1998); Michael L. Ross, "Does Oil Hinder Democracy?", *World Politics*, 2001, 53, pp. 325 - 361; Rex Brynen, "Economic Crisis and Post-Rentier Democratization in the Arab World: The Case of Jordan," *The Canadian Journal of Political Science*, 1992, 25 (1), pp. 69 - 97.

从庆县的故事中我们能够发现，当普通村民的自愿摊款成为村级财政主要来源时，这些直接的"纳税人"不可避免地会要求自己的声音和利益在政策制定的过程中被充分地代表。这意味着村级政权需要一个常设的集议机构来代表村民的利益和诉求，以及一套清晰的规章和规范的议事程序来保证共识的达成。当公共财政是建立在整个社群直接而自愿的摊款之上时，以往将大部分村民排除在公共事务以外，只保留极少干部参与的传统治理方式无法再行得通。在庆县，村民代表会再度创造了一个这样的架构，使村级的民主咨询及决策机制得到制度化，转而帮助解决村级公共服务和建设所面临的资金短缺问题。市场经济改革、村级财政困难和公共财政收入结构在庆县农村的变化，对治理体系提出了新要求，迫使庆县的地方党政领导接受这一古老而直接的事实，即政府征税必须建基于被征税者的同意之上。

在过去的十年中，庆县所推行的参与式治理体系改革已经传播到中国的许多其他地方，这种基于代表集议制的新型农村公共事务治理模式越来越受欢迎。举例而言，在北京的大兴区，地方政府积极地推行一项使"村代表会议"在公共事务决策过程中更有发言权的改革。[1] 山东省日照市创造了一个与庆县类似的制度，名为"村民代表联系制度"。[2] 湖北省襄樊市则出现一项名为"说事"的制度；在这项制度中，非正式的村户代表集会成为农村社区公共事务的决策机构。[3]

---

[1] 北京市大兴区区委组织部：《认真开好村民代表会》，《北京支部生活》2005年12月，第2页。

[2] 庄乾坤：《村民代表联系制度》，《乡镇论坛》2000年11月，第6页。

[3] 张家林：《推进农村基层民主政治建设的有效途径——襄樊市建立和推行农村"说事"制度》，《党建研究》2003年6月，第52—53页。

庆县的基层治理体系改革也逐渐开始吸引官方媒体的注意，甚至获得某种程度的认可。2007年4月，《人民日报》以《6325枚小圆章印证民主》为题，报道了庆县的村民代表会制度改革。[①] 2010年，由中央党校主办的《学习时报》公开赞扬庆县的改革范例，认为村民代表会实验对于解决"如何有效开展农村自治"问题发挥了重要作用。[②] 尽管我们仍需要进行进一步的全国范围调查方可更准确地评估上述推论，但庆县改革的范例在全国范围扩散，以及过去十年其从中央媒体得到的正面回馈，似乎可以初步印证由市场改革导致的基层政权财政结构的变化，以及随之而来原有治理体系所面对的改革压力，绝非庆县独有的现象。

◇ 结　　语

今天，中华人民共和国在动荡的世界政治和外部环境中，始终保持着国家基本政治秩序的高度稳定，这绝非是靠墨守成规就得以成功的。相反，保持国家基本政治秩序稳定所依靠的是一个充满动态的过程，此过程必然包括谨慎的体制维护、战略性的体制适应、偶然的治理模式重组以及持续不断的制度性创新和变革；唯有如此才能保持国家的稳定和其政权的安全。

庆县的改革说明近期中国农村经济中发生的两大主要变革——废除农业税费和乡镇集体企业的所有权转制——对于中国共产党的农村

[①] 《人民日报》相关报道。根据香港大学研究伦理审查部门机关要求，此脚注详细信息从略。

[②] 翁鸣：《探寻党组织领导村民自治的实现形式》，《学习时报》2010年9月。

治理体系产生了巨大的政治影响。这些经济改革旨在提高生产力和农民的收入水平；然而，在实际操作过程中，这些改革也无可避免地改变了村级治理组织的税收基础及合法性来源，并且最终改变了在传统计划经济和人民公社体制下庆县村庄的权力结构。由经济市场化所引发的庆县农村公共财政困难，其产生的巨大压力迫使地方政府不得不改革农村治理结构，并寻找更新颖、更有效并且更具参与性的治理方式，来有效应对市场经济为农村治理提出的新课题。

加州大学伯克利分校政治学教授欧博文（Kevin J. O'Brien）曾如是写道："立法层面的进步（或是衰退）是政治变革的成分之一……议会在制度层面的重要性之增长或是减少，亦改变着统治的方式。"[1] 通过回顾在市场经济改革背景下，村民代表会制度在庆县的复兴，本章旨在说明正在进行中的市场改革为政权带来的外部性（externalities）——主要是其对村级治理组织的传统公共财政来源的影响——已成为迫使处于不同层级的持份者接受一种更具参与性的治理结构和一个更为透明的治理模式的主要推动力。

在庆县农村，市场化改革确实成为基层治理模式试验和改革进程的最重要推动力。然而，在这个来自中国田野的故事中，在现代化过程中推动治理体系变革的力量并非是如西方学者所预言的新兴资产阶级、异见知识分子，又或是全球化进程；庆县治理体系的改革试验说明，中国的政治体制和执政党本身具有高度的弹性和灵活性，足以在旧制度内部不断推动旨在令自身适应新环境的系统性改革。正是因为执政党在面对市场化带来的外部性挑战时充分认知到政权必须应对新的经济环境，党和政府本身才成为改革自己基层治理体系的主要推动

---

[1] Kevin J. O'Brien, *Reform without Liberalization: China's National People's Congress and the Politics of Institutional Change* (New York: Cambridge University Press, 1990).

力量和促进者，并为培养一个更具参与性的治理体制提供必要的动力以及制度资源（institutional resource）。对于研究中国政治发展的学者而言，这些在政治上影响深远的变革过程，无疑值得更加深入的研究。

第四章

改革开放时代的统一战线：
中国共产党如何构建社会各阶层的政治联合？

在从中东到中亚的诸多政权动荡不安的背景下，过去三十年间中国的政治稳定和社会安宁成为世界瞩目的政治现象。就像多年前东欧剧变时一样，当前由"颜色革命"和"阿拉伯之春"所催生的全球政治动荡浪潮再次引起了学者们的追问：究竟是什么独特的制度性特点令中国政治具有高度的稳定性、适应性和可持续性？过去四十年的"中国故事"，对传统政治学理论关于非西方体制脆弱性的习惯认知提出根本的挑战。

本章着重检视和分析中国政治体制中一个极具特色的组成部分，也是中国体制的政治吸纳和联合机制——统一战线。统一战线的功能是通过将党外具有影响力的社会力量融入执政党领导的政治大联合，从而拓展执政党和现行体制的包容度，并通过帮助党外社会精英建立对政治体制的归属感和认同感，来保障国家基本政治秩序的稳定和安全。

◇◇ 政权安全的制度主义解读

为何有的政权具有高度稳固性和可持续性，而有的政权却极为脆弱、易于为社会力量所颠覆？关于这一当代政治学的核心议题，研究者曾提出了从经济到文化理论的各种不同的解释。近二十年以来，针对政权安全的研究逐步具有制度主义导向，强调国家的财政制度、社会统合制度以及其他国家制度在维持政权安全中所扮演的重要角色。在制度主义研究导向的影响下，中国问题学者也将中国政治的制度化思考拓展到执政党的适应性问题、行政体制改革、立法机关建设、社团制度、非正式组织以及执法司法体系等不同领域。最近，韩博天（Sebastian Heilmann）和裴宜理（Elizabeth J. Perry）指出，中国共产党的如同游击队式灵活的政策制定和执行机制——也是适应性治理方式的一种——是关于中国政权高度可持续性和强大生命力的一个核心解释要素。[1]

尽管学者们已经研究了中国政治中大量的制度组成，以求破解中国政治稳定的秘密，但他们仍然忽视了长期存在的政治吸纳和联合机制——中国共产党的统一战线——在此所发挥的关键作用。统一战线促进党与中国社会之间的联系和沟通，充分发挥政权的弹性，不断将关键性的社会力量纳入国家政权的政治边界以内，以保障国家基本政治秩序受到最广大社会阶层的支持。

莱曼·P. 冯·斯莱克（Lyman P. Van Slyke）发表于1967年的开创性研究，仍然是西方学术界中到目前为止唯一关于中国统一战线的全面研究。[2] 在这本题为《敌与友：中共党史中的统一战线》（*Ene-*

---

[1] Sebastian Heilmann and Elizabeth J. Perry, "Embracing Uncertainty," in Sebastian Heilmann and Elizabeth Perry (eds.), *Mao's Invisible Hand: The Political Foundations of Adaptive Governance in China* (Cambridge: Harvard University Asia Center, 2011), p. 7.

[2] Lyman P. Van Slyke, *Enemies and Friends: The United Front in Chinese Communist History* (Stanford, C. A.: Stanford University Press, 1967).

第四章　改革开放时代的统一战线：中国共产党如何构建社会各阶层的政治联合？ | 109

mies and Friends: The United Front in Chinese Communist History）的专著中，斯莱克不仅回顾了统一战线的发展历史，揭示了这个系统所使用的建立政治大联合的策略和原则的沿革。在此之后，在英文学术界，只有零星的一些学术成果能启发我们进一步思考统一战线内各个组成部分的运行原则和功能。[①]

因此，在21世纪的今天，我们仍缺乏对统一战线在中国经济腾飞和市场经济转型背景下实践的具有系统性的研究。这里有一系列重要的问题亟待探讨。例如，与毛泽东时代相比，今天党的统一战线系统在规模、功能和组织结构上有什么变化？换言之，改革开放时代的领导层如何将统一战线打造成促进政权建设和政治稳定的载体？在新的社会、政治和经济背景下，我们应如何理解统一战线的角色和地位？通过深入检视改革开放时代中国统一战线的结构、功能和运作，本章将分析统一战线在维护国家基本政治秩序稳定中的重要作用。

◇◇ 统一战线的原则与实践

中国共产党的统一战线概念诞生于革命战争的严酷现实当中；原

[①] 如，James D. Seymour, "China's Satellite Parties Today," *Asian Survey*, 1986, 26 (9), pp. 992-994; James D. Seymour, *China's Satellite Parties* (Armonk, NY: M. E. Sharpe, 1987); Gerry Groot, *Managing Transition: The Chinese Communist Party, United Front Work, Corporatism, and Hegemony* (New York & London: Routledge, 2004); Zhan Tong, "The United Front Work System and the Nonparty Elite," in Carol Lee Hamrin and Suisheng Zhao (eds.), *Decision-making in Deng's China: Perspectives from Insiders* (Armonk, N.Y.: M. E. Sharpe, 1995); Xiaojun Yan, "Regime Inclusion and the Resilience of Authoritarianism: Local People's Political Consultative Conference in Post-Mao Chinese," *The China Journal*, 2011, 66, pp. 53-75.

则上，这个概念受到列宁有关革命妥协（revolutionary reconciliation）学说的启发。按照 J. D. 阿姆斯壮（J. D. Armstrong）所说，统一战线概念包括了理论性、策略性和战术性的部分。[①] 在理论上，统一战线工作基于毛泽东的矛盾论哲学，强调中国持续的革命是建立在经济、政治、军事和文化上矛盾个体之间的斗争。然而，根据一切从实际出发的观点方法，毛泽东认为不同性质矛盾及矛盾的不同方面之间的斗争在不同的革命阶段呈现出不同形态。因此，就战术而言，毛泽东思想中的统一战线理论强调在革命的各个阶段中，中国共产党最重要的任务就是要准确地确定主要敌人之所在；所有其他未被直接定为主要敌人的社会力量，都可以也应该团结到党的统一战线的旗帜下。因此，毛泽东思想的统一战线理论的精髓就是"团结大多数、孤立极少数"，在最大程度上筑牢党在革命和建设中的社会支持基础。

根据这些原则，中国共产党与中国国民党在近三十年的历史交手中实现了两次在统一战线旗帜下的合作。在革命战争历程中，中国共产党总是通过与强大的竞争势力合作，以联合的力量来孤立和打击最主要的敌人。在现实层面，统一战线也是作为重要手段，使中国共产党得以在政治斗争的防御阶段实现暂时退却来获取喘息空间，以休养生息、集聚革命力量，并取得最后胜利。因此，在对敌斗争之外，统一战线对于中国共产党而言，也是保存有生力量、巩固政治团结的重要经验。毛泽东本人在1939年10月就曾一针见血地指出，"十八年的经验，已使我们懂得：统一战线、武装斗争、党的建设，是中国共

[①] J. D. Armstrong, *Revolutionary Diplomacy: Chinese Foreign Policy and the United Front Doctrine* (Berkeley, C. A.: University of California Press, 1977), pp. 14 - 22；江平编著：《当代中国的统一战线》上册，当代中国出版社1996年版，第5—8页。

第四章　改革开放时代的统一战线：中国共产党如何构建社会各阶层的政治联合？

产党在中国革命中战胜敌人的三个法宝，三个主要的法宝"[①]。1949年6月，就在全国革命胜利前夕，毛泽东在《论人民民主专政》一文中对中国共产党革命胜利的经验作了更具体的概括。毛泽东指出：

> 一个有纪律的，有马克思列宁主义的理论武装的，采取自我批评方法的，联系人民群众的党；一个由这样的党领导的军队；一个由这样的党领导的各革命阶级各革命派别的统一战线；这三件是我们战胜敌人的主要武器。依靠这三件，使我们取得了基本的胜利。[②]

中华人民共和国成立之后，党在长期革命斗争中掌握的这三大法宝仍然在社会主义革命和建设中发挥重要作用。如同斯莱克在书中所指出的那样，统一战线关系到"中国人民作为非敌对社会力量的联合体，在中国共产党领导下朝向共产主义社会的前进过程"[③]。中华人民共和国成立后，建设新社会主义政权的任务十分急迫，党的统一战线系统立即从革命斗争的法宝转变成政权建设的武器，在中华人民共和国成立初期巩固新生政权、促进不同政治派别大联合过程中起到了无可替代的重要作用。在中国共产党统一战线的旗帜下，党外政治、经济和文化精英在新生的人民政权中被委以重任，在不同岗位上担负起国家的重要责任。以1949年宣告成立的第一届中央人民政府为例，

---

① 毛泽东：《〈共产党人〉发刊词》，《毛泽东选集》第2卷，人民出版社1991年版，第606页。

② 毛泽东：《论人民民主专政》，《毛泽东选集》第4卷，人民出版社1991年版，第1480页。

③ Lyman P. Van Slyke, *Enemies and Friends*, p. 258.

在6位中央人民政府副主席中，有3位为党外人士；在56位中央人民政府委员中，有27位为党外人士。在政务院系统中，4位政务院副总理中的两位以及15位政务委员中的9位为党外人士。在第一届政务院的34位部长中，有15位为党外人士。[1] 然而，中国共产党统一战线旗帜下建设和发展新生社会主义国家的实践，因为"文化大革命"极左路线的到来而被迅速终止。幸而在"十年浩劫"之后，改革开放时代的中国共产党领导人从革命和建设的历程中吸取经验教训，重新认识统一战线对于新时期中国共产党领导国家实现"四个现代化"的新长征的重要意义；在中共中央主要领导人的大力倡导下，党的统一战线制度得以恢复，并以之作为团结各界社会力量、吸纳新兴社会阶层和重建政治稳定的重要举措。中国共产党的主要领导人、无产阶级革命家邓小平（1978年3月至1983年6月在任）、邓颖超（1983年6月至1988年4月在任）、李先念（1988年4月至1992年6月在任）等先后在改革开放初期担任党的统一战线的重要平台——中国人民政治协商会议全国委员会的主席。

统一战线在多个方面对于中国共产党取得革命斗争胜利、建设社会主义政权以及在改革开放时期保证国家基本政治秩序安全具有重要意义。第一，统一战线来源于毛泽东思想中"矛盾论"的理论智慧；统一战线在革命战争、政权创建、社会主义建设和改革开放不同时期的实践，体现了不论时代变迁，中国共产党在长期革命斗争中形成的思想宝库仍对中国的治理具有持久影响力。同时，承认中国政治中主要矛盾在不同历史时期不断变化的事实，亦容许了党在进行政权建设、建立最有利于现代化建设的政治大联合方面具有高度灵活性、适

---

[1] 江平编著：《当代中国的统一战线》上册，第55—56页。

应性和弹性。第二，统一战线是中国共产党既具战略重要性又具战术策略性的关键的工作机制，使党可以顺应客观条件的变化，在复杂和艰苦的环境中得到发展。同时，在中国千变万化的国内政治环境下，统一战线使中国共产党可以不断赢得来自更具开放性的中上层社会精英和知识阶层的支持，也因此能够与更重视基层动员的党的群众工作相辅相成、相得益彰，使中国共产党的社会支持基础范围更加广泛和牢固。第三，统一战线的目的在于建立跨阶层、跨派别的政治大联合，是将不同社会阶层人士和具有不同政治主张的社会力量纳入到国家基本政治秩序中的重要手段。统一战线在扩大执政党政治联盟、建立和巩固国内团结，以及削弱潜在敌对力量、保障国家基本政治秩序稳定和安全方面，至今仍发挥着其他政治机制所无法取代的关键性作用。

◇◇改革开放时代统一战线的范围

20世纪70年代末，面对"文化大革命"给中国社会带来的严重破坏，以及民众对于"文化大革命"期间的意识形态和极左政治路线的负面认知，改革开放时代的中国共产党领导人在拨乱反正和全党工作重心向现代化建设转移的人进程中，开始重新重视统一战线的巨大作用。作为发挥国家弹性和提供政治吸纳性的重要手段，党的统战系统约在1977年2月重新开始恢复工作——这时距离粉碎"四人帮"仅四个月。如同邓小平所明确指出的那样，在新的历史时期：

> 统一战线仍然是一个重要法宝，不是可以削弱，而是应该加强，不是可以缩小，而是应该扩大……新时期统一战线的任务，

就是要调动一切积极因素，团结一切可以团结的力量，为在本世纪内把我国建设成为现代化的社会主义强国而共同奋斗，还要为促进台湾回归祖国，完成祖国统一大业而共同努力。[①]

在1979年到1982年的短短三年间，中国的八个主要民主党派吸收了超过35000名新党员，重建了超过700个地方民主党派组织和超过4000个民主党派基层支部。[②] 1982年，中共中央确定，新时期党的统一战线的主要目标是九类社会人士，而于2000年更进一步拓展到了十二个类别。表4—1展示了改革开放时代统一战线目标群组的变化。今天，中国共产党统一战线的目标人群正不断扩大，并且党更设立目标要进一步将留学生团体、新媒体人士等不断涌现的新社会阶层人士包括进来，使他们都能进入中国共产党领导下国内政治大团结的序列。

表4—1　　　　　　　改革开放时代中国统一战线的工作范围

1979年	1981年
1. 中国人民政治协商会议成员和各民主党派党员 2. 少数民族人士和宗教界人士 3. 各界爱国力量 4. 知识分子 5. 原工商业者 6. 香港和澳门同胞 7. 中国海外团体领袖 8. 外国人士	1. 各民主党派党员 2. 无党派人士 3. 党外知识分子 4. 起义和投诚的原国民党军政人员及眷属 5. 原工商业者 6. 少数民族领袖 7. 爱国宗教领袖 8. 去台湾人员留在大陆的亲属和朋友 9. 香港和澳门同胞 10. 海外侨胞和归侨侨眷

---

① 江平编著：《当代中国的统一战线》下册，当代中国出版社1996年版，第82页。

② 张忆军：《风雨同舟七十年》，学林出版社2001年版，第589页。

第四章 改革开放时代的统一战线：中国共产党如何构建社会各阶层的政治联合？ 115

续表

2000 年	2006 年
1. 各民主党派党员 2. 无党派人士 3. 党外知识分子 4. 少数民族人士 5. 宗教界人士 6. 非公有制经济人士 7. 香港和澳门同胞 8. 去台湾人员留在大陆的亲属和回大陆定居的台胞 9. 出国和归国留学人员 10. 海外侨胞和归侨侨眷 11. 原工商业者 12. 起义和投诚的原国民党军政人员	1. 各民主党派党员 2. 无党派人士 3. 党外知识分子 4. 少数民族人士 5. 宗教界人士 6. 非公有制经济人士 7. 私营企业和外资企业的管理技术人士 8. 中介组织从业人员 9. 自由职业人员 10. 原工商业者 11. 起义和投诚的原国民党军政人员及眷属 12. 香港和澳门同胞 13. 去台湾人员留在大陆的亲属 14. 出国和归国留学人员 15. 海外侨胞和归侨侨眷

资料来源：《邓小平文选》第三卷，人民出版社 1993 年版，第 187 页；江平：《当代中国的统一战线》下册，第 461 页；中央统战部政策理论研究室：《江泽民同志论统一战线（1989 年—2002 年）》，2002 年 12 月，第 295—303 页；孙信、姜立、马东升：《新的社会阶层统战工作概论》，中央编译出版社 2007 年版，第 66 页。

在 21 世纪初期，中国共产党统一战线工作的主要目标人群可以总结为以下四类。

1. 社会贤达：这一类别人士几乎包括党外社会力量中最上层的部分，也包括部分活跃在党的干部和宣传体制之外的政治、经济、社会及意见领袖。尽管从词源学上讲，"社会贤达"一词定义颇为宽松，但就党的统一战线而言，能被归入此类群体的标准则极为严格。大多数属于此类的党外人士都曾在中国共产党革命战争时期积极地向党提供过重要帮助。根据官方对于第一届全国政协组成阵容的描述，统一战线中的社会贤达应大致涵盖：

> 中国民族民主革命各个历史时期中为人民事业作出过贡献的知名人士和代表人物。从辛亥革命、北伐战争、五四运动、抗日战争到解放战争，各个革命时期的代表人物……乃至前清末期和北洋政府时期较有声望以及后来同情革命、为人民做过好事的人物……①

2. 知识分子：从传统中国开始，知识阶层始终垄断国家的意识形态和权力话语，历朝历代的中国政权始终视知识分子为最具力量并需要吸纳和控制的社会群体之一。中国共产党的重要领导人周恩来曾指出，中国的政权主要由两个政治联盟构成：一是无产阶级和其他劳动人民（包括知识分子）的联盟，一是无产阶级与小资产阶级的联盟。② 在官方定义中，中国共产党认为任何拥有高等学历并从事生产、传播以及应用知识工作的人均属于知识分子范畴。③ 据官方统计，2005年全国共有39825000名知识分子。④ 考虑到知识阶层对政治、经济、文化和基层社会的巨大影响力，针对知识分子的统一战线工作始终被认为是中国共产党政权建设中最重要和最必要的环节。1991年4月，中共中央办公厅曾发出文件明确要求党的统战系统必须参与知识

---

① 江平编著：《当代中国的统一战线》上册，第44页。
② 同上书，第382—383页。
③ 中央统战部政策研究室：《统一战线工作手册》，南京大学出版社1986年版，第821页。
④ 张继辉、李小宁主编：《统一战线中的知识分子问题》，中央编译出版社2007年版，第15页。

第四章　改革开放时代的统一战线：中国共产党如何构建社会各阶层的政治联合？ **117**

分子政策的制定，这包括但不限于有关知识分子的政治地位、经济收入以及学术职衔等的一系列政策规定。①

3. 民族宗教人士：中国是一个多民族国家，同时也有数量众多的宗教信仰并存。中国境内广泛存在少数民族人群和宗教信徒社区；中国共产党作为一个奉行无神论意识形态的政党，其是否能够有效地超越意识形态差异、对民族宗教人士进行吸纳和保持联络，是保障国家基本政治秩序稳定的重要环节。党针对少数民族的统战工作尤其重视将他们的上层人士吸纳至各级党政机关中，并注重推行在大学教育、计划生育、社会保障和经济发展等方面针对少数民族的优惠政策。对于宗教人士，党的统战工作的基本任务是要将宗教信徒和神职人员吸纳进国家基本政治秩序之中，同时充分发挥宗教界对于现代化建设的积极作用、防范海外宗教机构对中国境内进行宗教和政治上的联系和渗透。

4. 新社会阶层人士：新社会阶层人士群体主要由私营企业主、外资及中外合资企业高级雇员、职业经理人，以及专业人士组成，他们是改革开放时代在市场经济改革中兴起的新的重要社会力量。据估算：

> 目前，我国新的社会阶层及从业人员人数已超过 1.5 亿人，约占总人口的 11.5%，掌握或管理着 10 万亿元左右的资本，使用着全国半数以上的技术专利，直接或间接地贡献着全国近 1/3 的税收。②

---

① 江平编著：《当代中国的统一战线》下册，第 188 页。
② 孙信、姜立、马东升：《新的社会阶层统战工作概论》，第 4 页。

大部分新社会阶层的人员既不从属于任何政党，也不在经济上依赖于国家，因此与执政党之间存在距离。根据2002年的一项政府统计，在北京有89.3%的法律从业者、96.2%的会计及精算从业者以及84.3%的外资企业管理人员并不从属于任何政党。[1] 考虑到新社会阶层的经济和社会地位已经突破旧有计划经济体制下的社会经济网络，因此他们成为"党的统战工作新的关注点"[2]。对新社会阶层的统战工作的四项重要任务也被确定为"团结、帮助、引导和教育"的八字方针。[3]

总体而言，在21世纪初期，中国共产党的统战工作适应社会主义市场经济的新条件，一方面继承和发扬革命和建设时期统一战线工作的宝贵经验，同时也充分发挥体制弹性，对原有的工作对象、工作范围和工作方式进行了符合新的时代特征的创新与调整。中国共产党统一战线的工作对象，特点是基本涵盖在国家基本政治秩序和意识形态论述中那些可能具有"他者"身份的社会群体，而通过统一战线工作，党充分利用体制的包容性、通过扩大体制边界，不断将这些重要的社会力量吸纳到政权中来，建立起他们对于国家基本政治秩序的认同和归属感，从而从基础上夯实政权的社会支持基础。作为重要的政治吸纳机制，统一战线帮助国家基本政治秩序延伸至本处于政治边缘的社会阶层，帮助党在复杂动荡的内外环境中牢牢保持国家的政治凝聚力。

---

[1] 张继辉、李小宁主编：《统一战线中的知识分子问题》，第207页。
[2] 孙信、姜立、马东升：《新的社会阶层统战工作概论》，第217页。
[3] 同上书，第92—93页。

第四章　改革开放时代的统一战线：中国共产党如何构建社会各阶层的政治联合？

◇◇ 组织结构

中国共产党的统一战线系统具有十分紧密的结构和网络，涉及不同层次的党政机关、社会组织和人民团体、立法机关和政治协商组织，也包括政治安排、对内对外宣传等任务。这一组织结构发端于中国共产党的革命战争时期，在中华人民共和国成立初期得到重组和调整，在改革开放时期重新获得发展。

正如中国共产党的其他工作系统一样，统战系统的最高领导权力由中央委员会和政治局掌握。自1993年起，由政治局指定一名常委会委员来负责统战工作，已经成为惯例。这名常委同时会出任全国政协主席，而全国政协是党的统战工作的重要组织平台。日常统战事务则由中央书记处领导。

在统战系统执行结构的顶端是中共中央统一战线工作部（简称"中央统战部"），该部负责执行党的统一战线政策。除了办公厅、政策研究室和后勤支援部门，统战部分为若干个局，每一个局负责统战系统的一个工作领域，包括民主党派、民族宗教事务、知识分子事务、海外统战工作、干部事务和新社会阶层等。中央统战部同时还负责联系两个国家部委，分别是国家民族事务委员会和国家宗教事务局。

统一战线的组织机构包括民主党派和全国政协。民主党派源自革命战争时期，在此期间中国共产党与许多寻求"第三条道路"的小党派合作以对抗国民党的统治。[①] 在中华人民共和国成立之后，民主党

---

① 关于中国民主党派第三条道路的研究，参见刘延东《当代中国的民主党派》，当代中国出版社1999年版，第1—15页。

派转变为中国政治中的参政党,并在中央统战部的支援下开展工作,形成了"一党执政、多党参政"的政治体制。图4—1展示了中国主要民主党派党员数量的变化。1983年,中央统战部为每个民主党派指定了不同的社会阶层,以供他们吸收新成员(指定社会界别的列表参见表4—2)。

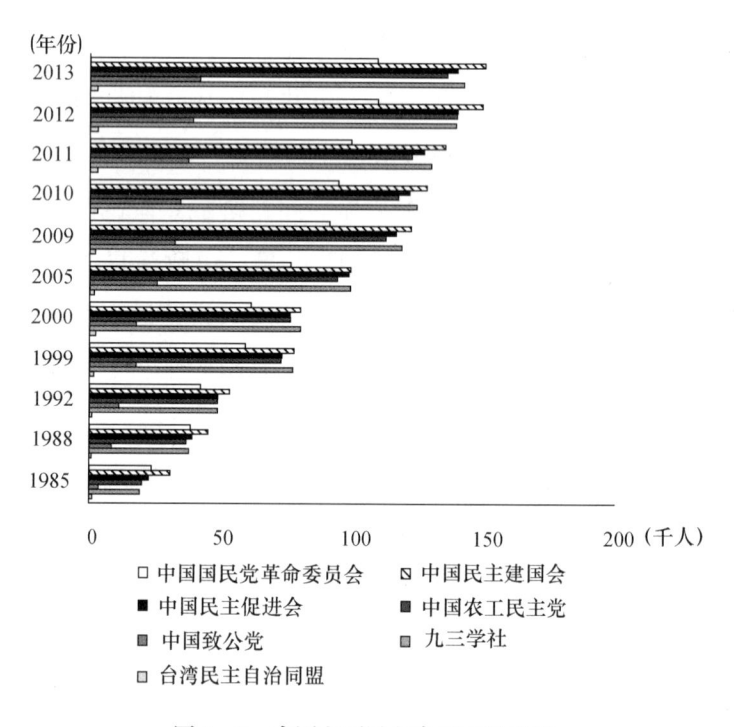

图4—1 中国主要民主党派成员情况

资料来源:国家统计局社会统计司:《中国社会统计资料1987》,中国统计出版社1987年版,第276页;国家统计局社会统计司:《中国社会统计资料1990》,中国统计出版社1990年版,第302页;国家统计局社会统计司:《中国社会统计资料1993》,中国统计出版社1994年版,第248页;国家统计局人口和社会科技统计司:《中国社会统计资料1999》,中国统计出版社2000年版,第248页;国家统计局社会科技和文化产业统计司:《中国社会统计年鉴2015》,中国统计出版社2016年版,第366页。

表 4—2　　　　　　　民主党派组织的发展对象重点分工

党派	发展对象的重点分工
中国民主同盟（民盟）	文教界人士（着重高等院校）
中国民主促进会（民进）	中小学教师、师范院校和文化出版界人士
中国农工民主党	医药卫生界人士
中国致公党	归国华侨和侨眷人士
九三学社	科学技术界人士
台湾民主自治同盟（台盟）	居住在大陆的台湾省籍人士
中国国民党革命委员会（民革）	原国民党和与国民党有历史联系的人士
中国民主建国会（民建）	原来发展的主要对象为代表性较大的原工商业者，因现已为数不多，今后可在从事工商企业和其他经济工作的人士中适当发展

资料来源：江平编著：《当代中国的统一战线》下册，第 101 页。

另外，中国人民政治协商会议是国家主要的政治协商组织（关于人民政协的研究，详见本书第二章），也是中国共产党统一战线的主要平台。全国政协委员包括中国共产党、各民主党派、无党派人士、各群众组织和人民团体，以及不同社会阶层界别的代表。超过半数的政协委员是党外人士（见图 4—2）。全国政协已经成为中国最重要的政治吸纳性机构。

统战工作的另一层面则包括党所支持的各种社会组织，它们负责吸纳特定社会群组进入体制。第一类是官方组织，例如负责私营企业主的中华全国工商业联合会。第二类是半官方组织，例如各种全国宗教协会（中国佛教协会、中国道教协会和中国伊斯兰教协会等）以及各种专业协会（例如中国医师协会、中国律师协会等）。第三类社会组织包括结构更为松散的协会和俱乐部，它们通常针对特定社会群体。典型的例子包括针对海外留学人员的欧美同学会、针对国民党军队上层人士的黄埔军校校友会，或针对旅居海外的有影响力的华人华侨的对外友好协会和海外联谊会。

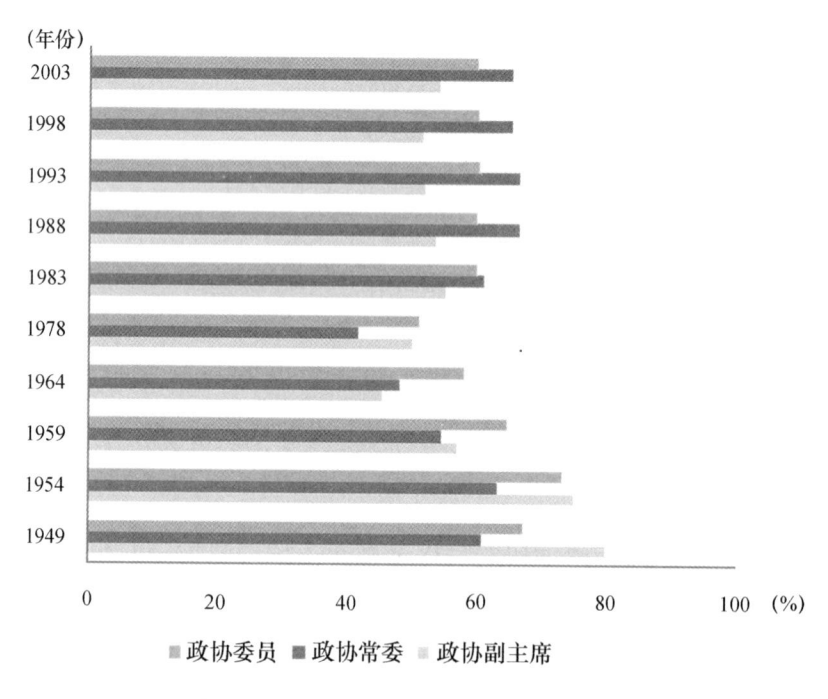

图4—2　历届全国政协党外人士所占百分比

资料来源：吴美华：《当代中国的多党合作制度》，中共党史出版社2005年版。

统战系统拥有广阔的宣传网络，其受众包括知识分子、海外华侨、专业人士、企业家和其他目标人群。这类机构包括由国务院侨务办公室管理的中国新闻社、由中央对外宣传办公室管理的中国国际广播电台，以及由中共中央台湾工作办公室管理的海峡之声等。

综括而言，中国共产党的统一战线并非如西方学者所认为的那样，是简单的装饰或门面工夫；相反，作为中国共产党革命和建设的法宝之一，统一战线是致力联络和吸纳党外社会力量的复杂而精细的体系。根据官方话语，统战系统的主要职能包括四个部分："参"（参与政策过程）、"代"（代表特殊社会群体）、"监"（监督政府工作）以及"改"（政治上的自我教育）。正是有赖于统一战线这个多面向、多层次及多层阶的政治吸纳结构，中国共产党得以建立起广泛的网络，以联络和沟通在党的正式体制之外的重要社会群体，不断提高政权的凝聚力，不断加强党内外团结，有效保障国家基本政治秩序的稳定和安全。

◇改革开放时代统一战线的功能

作为党和国家最主要的政治吸纳机制，中国共产党领导下的统一战线在改革开放时代扮演了重要的政治角色。整体而言，统一战线的功能围绕其核心使命——发挥体制弹性、拓展政权边界、促进政治团结——而展开。统一战线与其他党政系统的不同之处在于，它帮助政权系统性地与社会力量联络，帮助社会力量融入国家基本政治秩序，从而巩固政权的社会支持基础，并培养和巩固政权与重要社会群体之间的联系纽带。统一战线对党外社会阶层及其上层人士的吸纳主要通过统战系统的四项主要工作职能来实现，即政策咨商、政治安排、照顾联络和政治赋权。

邀请具有影响力的党外社会人士在各个层级参与党和国家的政策制定过程，这既是集思广益、提高决策质量的需要，同时也是密切这些党外人士对政权的归属感、巩固他们对国家基本政治秩序的支援度的需要。例如，政治局和国务院在准备重要政策文件时，总是通过统战系统征求民主党派和党外知名人士的意见。这些重要决策包括向党的全国代表大会呈交的政治报告、为党的中央全会起草的文件、中央领导人的主要政策讲话、提交给人大的政府工作报告、主要立法，以及党和政府的其他重要决策等。另外，中国共产党也支持和鼓励党外人士就重要政策通过统战系统向党的领导层建言献策。据官方统计，仅在1989到2004年期间，中央领导通过统战系统就收到超过88000件建言献策。[1]

安排党外人士担任国家不同岗位的领导职务——在官方论述中被称作政治安排——是统战系统的另一项主要工作职能。政治安排通常包括任命党外人士和统战对象担任人大、政协、政府部门、司法机关等的领导职务。自中华人民共和国成立以来，按照德才兼备的标准安排一定数量的党外人士担任官方职务，就一直是统战工作的重要任务。[2] 前全国政协主席李瑞环曾说："即使我们只能安排几位'党外人士'，他们也可以影响很多人。"[3] 中共中央1989年4号文件重申，安排党外人士"参加政权"必须成为统战工作的基础。[4] 必须指出，中国共产党对党外人士特别是民主党派人士的政治安排，前提是他们只以"个人名义"工作，并不是代表所属的民主党派参加领导工作。[5]

中共中央统战部在1982年《第一次全国统战工作会议纪要》中

---

[1] 孙瑞华编著：《中国参政党建设的理论与实践》，中央编译出版社2007年版，第40页。

[2] 《当代中国》丛书编辑部：《当代中国的人民政协》，当代中国出版社1993年版，第29—30页。

[3] 顾兆贵选编：《新时期统一战线文献摘编》，华文出版社2002年版，第22页。

[4] 王佐书：《论中国民主党派的政治交接》，人民出版社2007年版，第227页。

[5] 全国政协理论研究协会秘书处：《中国人民政协理论研究会第一次理论研讨会论文集》，中国文史出版社2007年版，第119页。

第四章　改革开放时代的统一战线：中国共产党如何构建社会各阶层的政治联合？

明确了在改革开放新时期对党外人士进行政治安排的四项原则。这份文件强调：

> 第一，应着重安排政治上有代表性的、对四化建设作出重要贡献的和对台湾有影响的党外人士；
> 第二，对长期同我党合作的党外上层代表人物，只要他们还健在，就要保留他们的职务；
> 第三，要积极选拔党外新的代表人物，特别是德才兼备、有突出贡献的非党中年知识分子；
> 第四，尽量减少兼职。①

同时，中央规定，对党外社会人士的政治安排不占职数限制。②

统一战线的政治吸纳工作也涉及与统战对象加强联络，以及提供适当的生活照顾。毛泽东在中华人民共和国成立前就敏锐地意识到："领导的阶级和政党，要实现自己对于被领导的阶级、阶层、政党和人民团体的领导，必须具备两个条件：（甲）率领被领导者（同盟者）向着共同敌人作坚决的斗争，并取得胜利；（乙）对被领导者给以物质福利，至少不损害其利益，同时对被领导者给以政治教育。没有这两个条件或两个条件缺一，就不能实现领导。"③ 1977 年 9 月 1 日，邓小平在听取中央统战部关于知识分子外流情况比较严重的汇报时亦严肃指出：

> 知识分子问题，统战部应注意。知识分子的安排、待遇，包

---

① 顾兆贵选编：《新时期统一战线文献摘编》，第 112 页。
② 同上书，第 113 页。
③ 《毛泽东选集》第 4 卷，第 1273 页。

括政治的、生活的，别的单位不能从总的方面去考虑。现在发现知识分子外流，程度很严重。有些人是科研和教学的骨干，由于生活待遇很低，一些人已经出去了，还有一些人在申请出去。年纪大的不愿意走，走的大多是中年人……解决这个问题单靠政治不行，还要有物质。讲按劳分配，他们没有按劳所得，待遇不合理。要研究制定一系列制度……把知识分子团结起来……①

20世纪80年代初，针对居住在大陆的台湾人士，统战系统在一份指示中曾要求：

> 对生活有困难的台湾同胞，要采取各种办法给予补助，使之不低于当地中等生活水平。对鳏寡孤独、老幼病残、生活无依无靠的，要切实照顾。使老有所养、幼有所教，能工作的分配工作，丧失劳动能力的由国家养起来。住房确有困难的，要给予解决。②

该文件的第六条规定"夫妇双方有一方原籍是台湾的，他们的子女在参军、升学、就业等方面，也应优先照顾。台湾同胞青年的补习、就业问题，应想方设法尽快解决"③。对于知识分子，中央统战部在1980年的一份文件中要求各级党委"要十分关心老专家的健康，在医疗保健、副食品供应和交通用车等方面给予照顾"④。自80年代

---

① 江平编著：《当代中国的统一战线》下册，第185页。
② 中央统战部政策研究室：《统一战线工作手册》，第145页。
③ 同上。
④ 同上书，第129页。

中期开始，统战系统还曾在中国科学院、中国社会科学院、中国医学科学院、文化部艺术局、文化部出版局、北京市规划局、北京市机械工业总公司、北京大学、清华大学和北京师范大学十个单位建立了"党外知识分子联络点"，加强与统战对象的联络工作，以及时发现和解决他们的实际困难。[①]

统一战线系统也逐步建立起制度框架，在更大范围内鼓励党外人士参加国家的政治生活。统战系统充分赋予统战对象对党和国家工作的监督权利。自1992年起，统战系统在全国范围内建立了邀请党外人士担任"特别监督员"的制度，并使之在各个层级监督政府工作。[②] 1993年，中央统战部与中纪委联合发布文件，公布加强党外人士在反腐败工作中的作用的相应政策。[③] 在短短数年之内，这一机制就拓展到了审计、教育、土地、人事、商务、税收、公安以及检察院等不同机构。[④] 以检察院为例，最高人民检察院邀请了75名党外人士担任监督员，在1990年到2000年间，共有830名党外人士获邀担任各省级和县级检察院特约监督员。[⑤] 此外，统战系统也承担重要的教育职能，鼓励党外社会人士进行政治和意识形态的自我教育。

随着市场经济条件下私营经济的进一步拓展和社会利益的进一步多元化，党和国家也开始利用统一战线这个法宝来协调新时代多元复杂的社会利益。正如1993年全国统战工作会议强调的那样：

---

① 江平编著：《当代中国的统一战线》下册，第189页。
② 张忆军：《风雨同舟七十年》，第638页。
③ 同上。
④ 郑宪：《中国参政党建设新论》，中共中央党校出版社2006年版，第188—192页；罗广武编著：《中国民主党派大事通览（1949—2000）》下册，华文出版社2010年版，第1663页。
⑤ 罗广武编著：《中国民主党派大事通览（1949—2000）》下册，第1707页。

爱国统一战线是协调关系、化解矛盾、维护社会稳定的积极力量。新旧体制的交替，各种利益关系的调整，不可避免会产生一些新的矛盾。由于国际上局部地区民族、宗教冲突的加剧，我国社会中的一些不稳定因素有可能被触发以致激化……统一战线汇集了各方面党外代表人士，他们在各自所联系的群众中往往具有我们党不可替代的影响。同样的语言，由他们向自己代表的群众说出来，有时比我们说更容易被接受；同样的工作，由他们到自己代表的群众中去组织和开展，常常比我们去做效果更显著。通过统一战线，协调关系、沟通思想、理顺情绪、化解矛盾，可以有效地消除各种不稳定因素，对实现我国长治久安具有重要的作用。[①]

◇ 结　　语

如同任何其他政权一样，为了保证国家的政治稳定和社会安宁，中国共产党作为执政党必须不断拓展其体制的边界、发挥体制的弹性，吸纳更多的社会力量进入国家基本政治秩序，阻止潜在反体制力量的形成。这涉及一系列重要且持续的政权建设工作，包括维持政权与社会力量之间的联系、通过政治安排建立主要社会人士与政权的纽带、提供生活照顾，以及进行意识形态自我教育等。这些繁重的政权建设任务都需要一整套具有高度弹性和吸纳性、广泛覆盖目标人群的制度框架和组织结构来完成。中国共产党正是通过统一战线这个具有

[①] 顾兆贵选编：《新时期统一战线文献摘编》，第21页。

中国特色的重要政治机制，将社会精英吸纳进党政体制，建立他们与政权之间的团结、互信和共融，从而得以保障国家基本政治秩序的稳定与安全。统一战线这个具有高度弹性的制度设计，必然是21世纪中国共产党继续保持政权安全和国家长治久安的重要法宝之一。

第 五 章

构建稳定秩序：中国共产党如何维护大学校园的政治安定？

纵观古今中外，从北卡罗来纳州格林斯伯勒市的餐桌静坐运动，[①]到21世纪的"颜色革命"和"阿拉伯之春"，青年学生作为一个充满活力的社会群体，总是在历史的重要拐点上，显示出影响重

---

① 发生于1960年2月1日美国北卡罗来纳州格林斯伯勒市的餐桌抗议事件（Greensboro Sit-Ins）是20世纪中期非裔美国人抗议种族歧视、争取平等权利的标志性事件。坐落于格林斯伯勒市中心的伍尔沃思百货（the Woolworth's）是当地著名的商店，其一楼西北角设置快餐馆。然而，该快餐馆的座位按肤色划分：白人可以任意就座，有色人种则只可坐于隔离区域。1960年2月1日下午4时30分许，四位来自北卡罗来纳农业与科技学院（North Carolina Agricultural and Technical College）的黑人学生来到快餐馆。按事先策划，他们并没有坐到有色人种指定区，相反在吧台前落座并要求服务，当即遭到服务人员拒绝。快餐馆经理决定报警，当地媒体记者迅速报道了事件。学生们决定扩大抗议规模。次日清晨，29名学生在快餐馆吧台前就座，一言不发复习功课。至2月3日，该餐馆的座位几乎全被学生占满。抗议活动在当地民权组织的动员下不断扩大，到2月6日已经有上百名学生走上街头抗议伍尔沃思百货商店的种族隔离政策。尽管在当地政府官员和社会知名人士的调停下，抗议活动在7日宣告暂停，但由于当地的百货公司不同意完全撤销隔离就座政策，学生和社会团体于4月初再次走上街头并占领快餐馆。最终，迫于销售额大幅下滑的压力，几家百货公司达成一致意见，取消了极具歧视性的种族隔离就座政策。参见：William Henry Chafe, *Civilities and Civil Rights: Greensboro, North Carolina, and the Black Struggle for Freedom* (New York: Oxford University Press, 1980); Miles Wolff, Lunch at the Five and Ten: The Greensboro Sit-ins (New York: Stein and Day Publishers, 1970)。

第五章　构建稳定秩序：中国共产党如何维护大学校园的政治安定？ | 131

要社会及政治轨迹的力量和意愿。当学生运动兴起，权力的既有结构往往受到威胁；当学生对官方意识形态及国家政策保持冷感而与国家主体政治秩序保持距离时，国家的社会支持基础会出现缺陷和短板。[①] 在西方，青年大学生因此被学者认为是"国家理想主义的储藏库"[②]，而大学校园也被称为"民主运动波谲云诡的中心舞台"[③]。

在中国近现代历史上，大学生也一直都是国家政治生活中最具有活力的力量。从1919年的五四运动开始，学生运动始终是中国走向现代化国家历程中的重要篇章。在中国现代国家治理中，要保持国家基本社会政治秩序的稳定，就必须保证大学生群体对国家政治价值和政权结构的支持，以及大学校园的安定。令西方世界感到惊奇的是，当过去十年由中亚到中东的政治乱局不断倾覆有关各国政权、中国香港地区和台湾地区的反体制学生运动也甚嚣尘上时，21世纪的中国大学校园始终成功保持政治安定，大学生群体对国家政治价值的支持也极为巩固。事实上，自1989年"政治风波"之后，中国内地就再没发生过大型的反体制学生运动。即便当学生在抗议以美国为首的北约轰炸位于贝尔格莱德的中国驻南斯拉夫联盟大使馆、反对日本成为联合国安理会常任理事国、抗议日本政府钓鱼岛政策等不同时间节点走上街头时，他们所针对的对象也是美日和西方反华势力，他们支持

---

① Seymour M. Lipset, *Rebellion in the University* (London: Routledge & Kegan Paul, 1972), p. 4.

② Francis Donahue, "Students in Latin-American Politics," in Alexander DeConde (ed.), *Student Activism: Town and Gown in Historical Perspective* (New York: C. Scribner's Sons, 1971), p. 254.

③ Robert A. Rhoads, *Freedom's Web: Student Activism in an Age of Cultural Diversity* (Baltimore, M.D.: The Johns Hopkins University Press, 1998), p. 2.

的是中国政府的立场。① 这不禁让人感到好奇，中国共产党是如何在21世纪初期极为复杂的国内外环境中保持全国2300余所高等院校的政治稳定，并得到大学生群体在政治上总体的认同和支持的？②

◇◇ 政权与管控

在现代政治制度背景下，国家管控是任何政权正常运行的关键所在。政治权力，尤其是主权国家，或多或少必须依赖其对国家暴力机器的垄断来作为建立社会管控的根本保证和最后手段。这一点从东到西，对于不同国家都适用。没有防暴警察、法庭、监狱等国家强制手段，任何国家政权都无法运行。③ 事实上，美国著名政治学家查尔斯·蒂利（Charles Tilly）直接将现代国家称为"具有强制能力的组织机器"④。

然而，没有任何一个政权能够仅仅依靠国家暴力［或者用意大利共产党人安东尼奥·葛兰西（Antonio Gramsci）的说法："直接支

---

① 例如，相关论述可见于 Peter Hays Gries, *China's New Nationalism* (Berkeley, C.A.: University of California Press, 2004) 和 Susan L. Shirk, *China: Fragile Superpower* (New York: Oxford University Press, 2007)。

② 根据中国教育部的资料，2010年中国有2358所正式高等教育机构，在读学生22317929人。可参见谢焕忠编纂《中国教育统计年鉴》，人民教育出版社2011年版，第21、23页。

③ Max Weber, "The Profession and Vocation of Politics," in Peter Lassman and Ronald Speirs (eds.), *Weber: Political Writings* (Cambridge: Cambridge University Press, 1994).

④ Charles Tilly, *Coercion, Capital and European States* (Cambridge, M.A.: Blackwell, 1992), p. 1.

第五章 构建稳定秩序：中国共产党如何维护大学校园的政治安定？

配"]来确保政权对于社会的管控。不少人认为，国家直接使用暴力的成本甚高，并且使用暴力也会影响执政力量的认受性基础。因此，为了有效地实现对社会的管控，政治权力永远都需要透过制度化手段及"日常实践"[①]来维持"明确而精细的对内管控"，从而保证国家基本政治秩序的稳定和安全。[②] 这类日常实践通常通过两个途径来实现：其一为意识形态，其二为组织机器。

葛兰西在其遗著《狱中笔记》中主张，西方工业化国家的资产阶级往往利用由自己或代理人掌握的"文化霸权"来支配被剥削的社会阶层，并将其统治阶级的价值观念内化于被统治阶级的意识形态之中。统治阶级通过操纵文化——具体而言就是多元社会中的信仰、价值观、话语、意义构建等，将他们本阶级的文化准则固化为全社会的普遍观念，并将它强加于民众，从而有效地确保大部分群众的自发赞同。在那种情况下，国家的强制机器只需要对"那些积极或消极拒绝给予'赞同'的社会群体"执行纪律就已足够维持基本统治秩序的安全。[③]

法国马克思主义哲学家路易·阿尔都塞（Louis Althusser）则认为国家政治、经济以及社会秩序的持续稳定，需要社会成员"对既定秩序的规矩抱有服从态度"，而这种态度是"以意识形态服从的形式来体现"。[④] 因此阿尔都塞对"国家暴力机器"和"国家意识形态机

[①] Michel de Certeau, *The Practice of Everyday Life* (Berkeley, CA: University of California Press, 1984).

[②] Michel Foucault, *Discipline & Punish: The Birth of the Prison* (New York: Vintage Books, 1977), p. 172.

[③] Antonio Gramsci, *Selections from Prison Notebooks* (New York: International Publishers, 1971), p. 12.

[④] Louis Althusser, *On Ideology* (London: Verso, 2008), pp. 6 – 7.

器"作出区分，并且认为政权若不能够在"国家意识形态机器"内及之上保有优势地位，国家权力将无法存续。① 阿尔都塞认为，教育机构作为国家意识形态机器的最重要组成部分，需要确保民众服膺于国家主流意识形态或其实践。② 泰瑞·伊格顿（Terry Eagleton）也认为，意识形态（或作"霸权论述"）因此构成了国家权力得以对社会进行有效管控的支配性力量和权威基础。③

如前所述，国家权力对社会进行管控，从而保证国家基本政治社会秩序稳定的第二个渠道是国家组织机器。米歇尔·福柯（Michel Foucault）在《规训与惩罚》（Discpline & Punish）一书中，曾对现代化条件下权力对于个体进行管控的方式进行了详细研究。福柯认为对于现代的整体化权力而言，管控是透过行使规训式权力而得以建立的。透过以有组织的形式推行特定习惯、规则和秩序，规训式权力将所期望的规范及行为内化于权力行使对象的日常生活之中。④ 根据布莱恩·特纳（Bryan S. Turner）的解释，现代权力乃是通过一种持续的"制度性规则及精细规训控制组成的网络"⑤ 来得以实现。根据特纳的观点，"随着在科层化及理性化过程的展开，群众对于理性规训的服膺会日益增加"⑥。

因此，在现代政体中，国家对社会的管控已经逐步演变成一种综合强制力量、表意力量以及规训力量三者的复杂过程。今天，世界各地的政权也越来越需要一整套巧妙（nuanced）、常态化（normalized）

---

① Louis Althusser, *On Ideology* (London: Verso, 2008), pp. 20 – 21.
② Ibid., p. 7.
③ Terry Eagleton, *Ideology: An Introduction* (London: Verso, 2007), p. xxii, 45.
④ Michel Foucault, *Discipline & Punish: The Birth of the Prison*, p. 170.
⑤ Bryan S. Turner, *The Body & Society* (Los Angeles: Sage, 2008), p. 95.
⑥ Ibid..

第五章　构建稳定秩序：中国共产党如何维护大学校园的政治安定？ **135**

并经内化（internalized）的系统及策略，以确保国家通过组织机器和意识形态这两个基本渠道实现对社会的有效掌控。

研究不同历史时期中国大学生群体的学者们一直强调中国大学校园里的权力结构和制度安排对于学生的政治活跃度和倾向性具有关键的影响力；校园权力结构也对学生运动的发生和形态具有影响。[1]举例来说，在1975年至1976年，安·肯特（Ann Kent）在对上海师范大学的研究中，检视了毛泽东时期如何努力通过教育改革、阶级划分及开门办学等途径，来改造高等教育制度、建设培养又红又专人才的新型社会主义大学。[2]另一方面，安舟（Joel Andreas）关于清华大学工宣队活动的研究，揭示了即使在"文化大革命"的混乱时期，国家依然得以通过一套以相互牵制和派系间的制度化"制衡"为特点的大学治理模式来保持其对大学校园的管控。[3]徐美德（Ruth Hayhoe）通过调查于中国高等院校开设的思想政治课程，

---

[1] 举例而言，中华人民共和国时期的相应论述可见于 Jeffrey Wasserstrom, *Student Protests in Twentieth-Century China* (Stanford, C. A.: Stanford University Press, 1991) 及 Jeffrey Wasserstrom and Xinyong Liu, "Student Protest and Student Life: Shanghai, 1919–49," *Social History*, 1989, 14 (1), pp. 1–29；"文化大革命"时期的相应论述可见于 Andrew Walder, *Fractured Rebellion* (Cambridge, M. A.: Harvard University Press, 2009); 1989年"政治风波"的相应论述可见于 Douglas J. Guthrie, "Political Theater and Student Organizations in the 1989 Chinese Movement: A Multivariate Analysis of Tiananmen," *Sociological Forum*, 1995, 10 (3), pp. 419–454。此外，Craig Calhoun, *Neither Gods nor Emperors* (Berkeley, CA: University of California Press, 1994), Jeffrey Wasserstrom and Elizabeth J. Perry (eds.), *Popular Protest & Political Culture in Modern China* (Boulder, C. O.: Westview Press, 1994)，以及 Dingxing Zhao, *The Power of Tian'anmen* (Chicago: University of Chicago Press, 2001) 也有相关论述。

[2] Ann Kent, "Red and Expert: The Revolution in Education at Shanghai Teachers' University, 1975–1976," *The China Quarterly*, 1981, 86, pp. 304–321.

[3] Joel Andreas, "Institutionalized Rebellion: Governing Tsinghua University during the late Years of the Chinese Cultural Revolution," *The China Journal*, 2006, 55, pp. 1–28.

发现以"德育"为名的意识形态教育,有效地促进了国家维护大学生群体的总体政治稳定。① 大卫·玛尔(David Marr)和骆思典(Stanley Rosen)则对20世纪90年代中国与越南的青年政策进行了比较研究。他们的研究展示了中越两国政府是如何运用精巧的组织架构,以及通过有系统、有选择地向青年人分配资源,"促使青年人站在政权一边"②。

尽管这些西方学者的研究为我们提供了新鲜的视角,但他们的研究要么只着重特殊的历史阶段(比如"文化大革命"最为明显),要么只强调国家对大学校园管控中的某一方面,在理论和实证上均存在一定局限。迄今为止,对于中国共产党和政府对大学生群体和大学校园的管理体制,及该机制的运行实践,均未有总体性的实证研究。本章正是旨在为这一系列尚未解决的问题提供初步的答案,例如,与过去大规模群众运动年代相比,21世纪中国大学校园内逐步常态化的权力架构和管控机制有哪些延续和改变?国家如何管理和教育大学生群体并保持大学生群体的政治态度与国家政权的一致性?在市场经济转型过程中,校园外各类社会矛盾不断激化凸显,国家如何将大学生群体与这些社会矛盾隔离开来,从而保障大学校园的安宁有序?

---

① Ruth Hayhoe, "Moral-political Education and Modernization," in Ruth Hayhoe (ed.), *Education and Modernization: The Chinese Experience* (Oxford: Pergamon Press, 1992), pp. 211-238; Ruth Hayhoe, "Political Texts in Chinese Universities before and after Tiananmen," *Pacific Affair* 66, 1993, (1), pp. 21-43.

② David Marr and Stanley Rosen, "Chinese and Vietnamese Youth in the 1990s," *The China Journal*, 1998, 40, pp. 145-172.

第五章　构建稳定秩序：中国共产党如何维护大学校园的政治安定？

◇ 组织基础

中华人民共和国于1949年成立后，在新政权百废待兴之时，建立及维持对大学校园的有效管控被视为党对中国城市"上层建筑"重要组成部分的接管，具有标志性意义。随着20世纪50年代初期在人民政权主导下新中国高等教育版图的大型重组，中国共产党在大学校园里公开设置各级党团组织，国家的政治影响力延伸至每间教室。新中国政权对于大学校园和大学生群体的影响建基于三项主要工作，即建立中国共产党在大学校园的领导地位、学术权威和政治权威并重，以及开展适应社会主义建设需要的课程改革。经过改革的新的高等教育内容则强调高度一致的意识形态、重视技术实用型知识，并对高等教育的发展与国家中长期工农业发展计划之间作出协调。[1] 在随即到来的"文化大革命"期间，中国的大学校园完全被无休止的群众革命运动所吞噬，正常的教学、科研秩序荡然无存。但大学生群体与国家当时的政治意识形态却通过这些群众运动实现了高度共融。可以说，青年学生群体成为了"文化大革命"早期阶段的主要动员力量。

在改革开放时代，国家否定过往通过大规模群众运动进行政治动

---

[1] 在 Andrew Walder 的著作 *Fractured Rebellion* (Cambridge, M. A.: Harvard University Press, 2009) 第1—27页中有着对于中华人民共和国早期大学学生组织架构的有趣记载。相关论述还见于：Theodore Hsi-En Chen, "Education and Propaganda in Communist China," *Annals of the American Academy of Political and Social Science*, 1951, 277, pp. 135–145; Immanuel C. Y. Hsu, "The Reorganization of Higher Education in Communist China 1949–61," *The China Quarterly*, 1964, 19, pp. 128–160; Ronald F. Price, *Education in Communist China* (London: Routledge, 1970)。

员、开展"无产阶级专政下继续革命"的做法,努力恢复各行各业的正常秩序,自然也包括重建大学校园里正常、稳定和安全的政治及教育秩序。改革开放后逐渐恢复常态的大学生管理系统包括三重科层结构,即校园内共产党系统、共青团系统以及学生工作系统。[①] 这三套同时并行又互相交融合作的科层体系不仅有助于国家由上而下地监察大学校园和大学生群体,也有利于政治上合格可靠的学生积极分子以及学生组织干部得以由下而上地参加校园政治生活和日常管理。有别于大学校园里颇具散漫性的学术权威(由校长、院长到各级学术委员会和教授组成),由三重科层体系组成的学生管理体制则显得高度集中,指挥快捷灵敏,令行禁止,并直接向校党委书记负责。而且,在学生管理体制中,虽然从学生积极分子中甄选的学生干部也会协助一些工作,但主要的领导、决策和指挥岗位均由党团干部恒常担任;因此,每个高等院校内部的学生管理架构又得以超越大学范围,成为由当地党委或是省级高教工委主导的、范围更大的青年学生管控架构的一部分。图5—1展示了在一所典型的省属大学中学生管理体制的组织架构。

中国大学校园内负责学生管理的科层体制,注重国家如何通过制度化途径有效进入最基层的学生群体。因此,在这个架构中最重要和最基础的支柱就是在"文化大革命"后重新恢复起来、在21世纪初期进一步规范化的政治辅导员/班主任制度。2006年7月23日,中华人民共和国教育部以第24号部长令颁布《普通高等学校辅导员队伍建设规定》,明确要求所有大专院校的班级都必须设置政治辅导员。这份文

[①] 在1989年之后,大部分中国大学的党委都成立了与原有的组织部、宣传部和统战部同级的学工部。在方慧建的著作《清华工作五十年》(清华大学出版社2003年版)中可见关于清华大学学工部建立过程的有趣记载。

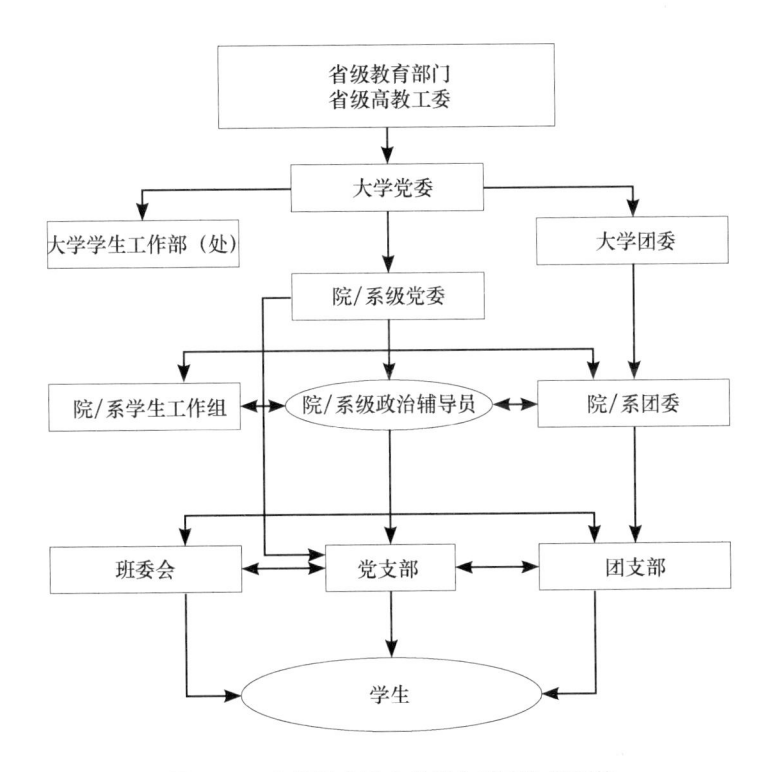

第五章　构建稳定秩序：中国共产党如何维护大学校园的政治安定？ | **139**

图5—1　中部某省属大学学生管理体制架构

资料来源：笔者于中部某省属大学进行的田野调查研究。

件规定：

> 辅导员是高等学校教师队伍和管理队伍的重要组成部分，具有教师和干部的双重身份。辅导员是开展大学生思想政治教育的骨干力量，是高校学生日常思想政治教育和管理工作的组织者、实施者和指导者。辅导员应当努力成为学生的人生导师和健康成长的知心朋友。[①]

---

① 教育部：《普通高等学校辅导员队伍建设规定》，2006年。

该文件第六条明确规定：

高等学校总体上要按师生比不低于1∶200的比例设置本、专科生一线专职辅导员岗位。辅导员的配备应专职为主、专兼结合，每个院（系）的每个年级应当设专职辅导员。每个班级都要配备一名兼职班主任。①

在一些大学，学生管理系统规定政治辅导员要固定居住在学生宿舍楼，保持跟大学生全天候的接触。通过保持与学生的日常教育、监督、联系和管理，这些基层的干部教师组成了大学生管理机制的骨干力量。一位学生工作干部在接受访谈时这样描述：

问：辅导员制度是怎样的？
答：每个学校其实都差不多。这几年里，学生出问题的情况比以前更多了，国家层面也对这一块工作更重视。现在要求大学生不光学习要好，脑子也要"健康"，心理、心态都要好。所以……辅导员工作内容比较实在。虽然物质待遇不算特别高，但也是事业编制；政治待遇是很高的……现在对辅导员还有专家化的培养计划：比如心理咨询、网络建设，等等。以前觉得辅导员只是跟学生聊聊天而已，现在有意识地进行专家化培养，给辅导员提供很多平台，进行各种培训。
问：辅导员和同学们有哪些交流渠道？
答：有些辅导员是住学生宿舍的，相当于24小时可以见到

---

① 教育部：《普通高等学校辅导员队伍建设规定》，2006年，第六条。

第五章　构建稳定秩序：中国共产党如何维护大学校园的政治安定？ | 141

学生。只要是我们这条战线上的人（指学生工作部门），学校都要求我们每个礼拜七天、每天二十四小时手机开机，理论上学生随时可以联系到我们。也有通过 QQ、MSN、BBS（校园电子布告板）等平台与学生联络，还会通过座谈、定期或者不定期的汇报通报等。①

教育部规定，大学政治辅导员要承担以下的工作职责：

（一）帮助高校学生树立正确的世界观、人生观、价值观，确立在中国共产党领导下走中国特色社会主义道路、实现中华民族伟大复兴的共同理想和坚定信念。积极引导学生不断追求更高的目标，使他们中的先进分子树立共产主义的远大理想，确立马克思主义的坚定信念；

（二）帮助高校学生养成良好的道德品质，经常性地开展谈心活动，引导学生养成良好的心理品质和自尊、自爱、自律、自强的优良品格，增强学生克服困难、经受考验、承受挫折的能力，有针对性地帮助学生处理好学习成才、择业交友、健康生活等方面的具体问题，提高思想认识和精神境界；

（二）了解和掌握高校学生思想政治状况，针对学生关心的热点、焦点问题，及时进行教育和引导，化解矛盾冲突，参与处理有关突发事件，维护好校园安全和稳定；

（四）落实好对经济困难学生资助的有关工作，组织好高校

---

① 对某重点大学学生工作干部的访谈，2011 年 6 月。

学生勤工助学，积极帮助经济困难学生完成学业；

（五）积极开展就业指导和服务工作，为学生提供高效优质的就业指导和信息服务，帮助学生树立正确的就业观念；

（六）以班级为基础，以学生为主体，发挥学生班集体在大学生思想政治教育中的组织力量；

（七）组织、协调班主任、思想政治理论课教师和组织员等工作骨干共同做好经常性的思想政治工作，在学生中间开展形式多样的教育活动；

（八）指导学生党支部和班委会建设，做好学生骨干培养工作，激发学生的积极性、主动性。①

除辅导员制度之外，中国大学校园在组织结构上的另一个特点是大学生现今仍会被编成一个类似部队般的逐级架构，单个学生被编入一个由最基层的班级、年级、专业、学院，一直延伸至大学层面整个学生群体的统一组织体系。由每个班、专业、学院中的所有学生党员所组成的学生党支部，则是学生生活中权力最大的自我管理机构。代表着执政党权威的学生党支部，处于学生生活的中心位置；在上级党委/总支部领导下，学生党支部负责在大学生群体中发展中国共产党的组织及吸收新党员、对普通学生的表现进行政治鉴定、组织重要学生活动、为各级学生干部的候选人推荐人选、负责审读和跟进入党积极分子的书面或口头"思想汇报"，并且就涉及本单位学生群体利益的事项（如评先、评奖等）进行决策。在改革开放时期的学生管控机制，是教育、监督、引导和自我管理四位一体的体系，成为新时期国

---

① 教育部：《普通高等学校辅导员队伍建设规定》，2006年，第五条。

家对多元化社会进行治理的庞大机器中的重要组成部分。[1]

◈ 校园管控

从毛泽东时代继承下来的集中统一的组织架构是整个学生管理系统的基础部分；在新的形势下，国家如何策略性地通过校园组织架构开展针对大学生群体的工作则是更为复杂的问题。在毛泽东时代，国家崇尚以大规模群众运动的模式——动员和鼓励受教育的年轻人参加甚至在某一阶段主导由国家发动的政治性群众运动——来实现学生和政权在意识形态和政治取态方面的一致和共融。随着"文化大革命"的终结和党在20世纪70年代末重新确立"实事求是"的思想路线，改革开放时期的大学校园管控机制变得更为"去运动"化、科层化以及务实化。融入到校园日常学习生活中的精细化管理及干预在一定程度上取代了过往以意识形态灌输和政治动员为主导的管控模式，"寓管理于服务中"成为大学党政系统行使管理职能的主要哲学。与此同时，普通的党政干部或教师取代了毛泽东时代政治运动积极分子和进入校园的"支左"军人干部，成为学生管理队伍的主要力量；他们以不同手段和渠道实现对大学生群体的管控，确保大学校园正常的政治和生活秩序。

意识形态教育及政治管理

在改革开放时代，随着社会上由大规模群众运动而来的高涨政治

---

[1] Andrew Walder, *Fractured Rebellion*.

热忱逐渐退散,中国共产党最传统的意识形态教育方式——思想政治教育课程,重新作为国家对高等教育的重要要求进入校园,成为中国高等教育版图的重要组成部分。在1989年"政治风波"后,党对20世纪80年代的思想教育工作进行了反思;中央领导集体认为对马克思主义、毛泽东思想、中国特色社会主义理论,及党的路线、方针、政策和革命历史方面教育和训练的严重薄弱,是导致大学生思想混乱,最终酿成政治动乱的主要成因之一。① 1991年3月,时任中共中央总书记江泽民致信教育部,要求加强关于中国革命历史的教育,并将之编入由小学到大学的整个教育课程中。② 自此,中国政府就致力于在国家高等教育中重建完整的意识形态教育课程体系。自20世纪90年代后期起,教育部规定,中国修读人文、社会科学的大学生在学习期间须完成315个学时的思想政治教育课程;修读理科和工科的大学生则须完成210个学时的思想政治教育课程。③ 1998年,中共中央组织部和国务院教育部联合颁布了一项文件,要求21世纪的所有高等院校思想政治教育课程必须"以邓小平理论为中心内容,比较系统地进行马克思主义基本原理和爱国主义、集体主义、社会主义的教育"④。因而,在全国范围内,一个包括思想政治教育和道德修养课程的"两课"系统在各高等院校迅速建立起来,并训练和配备了相应

---

① 李铁映:《高等教育必须坚持社会主义方向》,载国家教委政策法规司编《十一届三中全会以来重要教育文献选编》,教育科学出版社1992年版,第388—395页。
② 江泽民:《致李铁映、何东昌的信》,载国家教委政策法规司编《十一届三中全会以来重要教育文献选编》,第479—480页。
③ 厦门大学档案馆校史研究室:《厦门大学校史》第二卷,厦门大学出版社2006年版。
④ 龚海泉、张晋峰、张耀灿:《二十世纪的中国高等教育》,高等教育出版社2003年版,第397页。

第五章　构建稳定秩序：中国共产党如何维护大学校园的政治安定？

的师资力量。① 这一特别的政治教育课程体系包括了必修的马克思主义基本原理、中国革命史、思想品德和法律基础，以及中国共产党在不同时期的主要执政理论。

在以正式必修课形式进行的意识形态教育之外，高等院校也定期开展结合时事政治、内容形式丰富多样的思想教育活动。在笔者调查的某省属大学，这些融入大学生日常生活的思想政治教育活动形式不拘，包括（但不限于）班会、团员会议、读书会、时事研讨会、知识竞赛、文艺活动以及党员会等不同形式。而且，每所高等院校均设有学生党校，这些党校是对学生中的优秀和积极分子进行常规思想政治教育和党性养成的中心。中央层面也会定期在全国或全党范围内开展不同主题的政治教育活动——如"保持共产党员的先进性""纪念中国共产党建党九十周年""纪念抗日战争胜利七十周年""两学一做"（注：指"学党章党规、学系列讲话，做合格党员"）等学习教育活动。这类活动在大学校园里的相应展开也成为对大学生群体特别是学生党员群体进行思想政治教育工作的组成部分。

当校园之外有突发政治事件时，学校也会组织临时和有针对性的政治学习，一则为了稳定学生情绪，二则在危机期间以此限制学生的行动力。例如，2011年春季，当有海外网站呼吁中国青年发动一场

---

① 举例而言，以某省属综合性大学为例，"两课"包含一系列政治教育课程，包括：（1）马克思主义基本原理概论；（2）毛泽东思想和中国特色社会主义理论体系概论；（3）中国近现代史纲要；（4）思想道德修养和法律基础。这些必修课程分散在连续四个学期中，学生需要在这些课程中达到及格成绩才能毕业。课程内容包括马克思主义基本原理教育，中国共产党的路线、方针、政策教育，中国革命史教育，爱国主义教育以及法律基础知识教育等。不同高等院校为开设"两课"专门设置了公共课教学部或者由马克思主义学院来承担相关教学任务。"两课"的教学形式通常以每周课堂授课、讨论班、讲座及实地考察活动的形式展开，内容较为丰富多样。

"茉莉花革命"的时候,笔者所调查的某省属大学就紧急召集学生按班级为单位进行特别政治学习,以令学生不受境外、国外敌对势力影响。[①] 有时加强版的思想政治工作也会以爱国主义仪式等方式进行,如升旗仪式、宣誓仪式、纪念活动等。

这些不同形式的思想政治教育,在新的经济和社会转型大背景下对于国家来说具有必要性。思想政治教育所需要应对的,首先就是年轻一代大学生在市场经济体制下和对外开放条件下西方思潮冲击所引致的对原有社会主义政治和道德原则的疏离。譬如,一项在2003年进行的大学生问卷调查显示,76%的受访大学生表示基本或是完全不同意"集体主义原则"。相应地,加强对集体主义、"集中力量办大事"等社会主义原则的教育和灌输,巩固国家正统意识形态对于大学生群体的影响,在市场经济环境下显得极为重要。[②]

在有关叙利亚政治的研究中,丽莎·威登(Lisa Weeden)研究了"在信仰或是情感承诺缺位之时,修辞和象征对产生政治权力的作用"。威登认为仪式和意识形态的公开展示,构成了"一种基于顺从的支配策略"。[③] 威登将此类支配标签为"规训性—象征性权力"[④]。说到底,正如齐泽克所言,"真正的服从只有一种……就是'外部'的服从:由坚定信仰产生的服从已经不是真正的服从,因为它早已透过我们的主体性作为中介"[⑤]。

[①] 对大学学生的访谈,2011年10月。在关成华的《北京大学校园文化》(北京大学出版社2004年版)一书中也有相关论述。

[②] 万斌、张应杭:《高校政治思想教育新论》,社会科学文献出版社2005年版。

[③] Lisa Wedeen, *Ambiguities of Domination* (Chicago: University of Chicago Press, 1999), p. 5.

[④] Ibid., pp. 145 – 152.

[⑤] Slavoj Žižek, *The Sublime Object of Ideology* (London: Verso, 2008), p. 35.

第五章　构建稳定秩序：中国共产党如何维护大学校园的政治安定？

思想政治教育的另一个重要目的是要纠正和改变全球化环境下青年群体的"政治冷感"和市场经济条件下大学生对国家主流意识形态的疏离。青年群体对主流政治秩序和意识形态的疏离和冷感，是全球化环境下的大趋势。但若任由大学校园内的犬儒主义和政治冷漠弥漫，亦有机会疏离大学生群体和政治国家之间的关系，并有可能令青年知识阶层中发展出以沉默作对抗的另类反体制力量。一如既往，如果吸取东欧和苏联政权倾覆的教训，则不难发现世上存在一种所谓"去政治化的政治"——非政治化和政治冷漠本身也是政治。

为了突破政治冷感所造成的障碍，中国不少高等院校的学生管理系统尝试采取其他更具主动性、亲和力的方式去接触和教育青年大学生群体，而针对校园内问题学生的专题辅导就是其中方式之一。例如，自2010年起，北京大学开始试行学生学业会商制度。校方文件规定，这项新的学业会商制度的工作对象以本院系学业困难学生为主，兼顾其他"重点学生"，包括：学业困难、思想偏激、心理脆弱、经济贫困、学籍异动、生活独立、网络成瘾、就业困难、罹患重大疾病、受到违纪处分十类学生。大学明确要求：

> 在认真做好"重点学生"排查工作的基础上，以会商为形式，组织多方力量，对会商对象的学业情况进行深入分析和科学判断，制定并实施切实有效的帮扶计划，深入开展一对一的深度辅导工作，帮助"重点学生"顺利完成学业任务，实现全面发展与健康成长的育人目标。干部需要定期和这些学生进行一对一的会商。[1]

---

[1] 北京大学学生工作部、教务部、医学部教育处：《关于在医学部、元培学院试点学生学业会商工作的通知》，2010年11月。

对于学业会商制度的工作方式和原则,北京大学则要求,该项工作必须:

> 体现学校全员育人的基本要求……坚持以人为本,尊重学生的个体差异,因材施教,量身定制帮扶方案;要把教育管理与关心爱护结合起来,把解决思想问题同解决实际问题结合起来,把重点解决学业困难与解决其他困难结合起来。[1]

此外,在一项全国性的工作中,共青团中央要求高等院校团组织和政治工作干部要在"思想关节点"上给予大学生充分的"引导"。所谓思想关节点,就是指有可能引发对于党的路线、方针和政策产生疑虑和模糊认识的重要理论和现实问题。一位从事学生政治工作的干部在访谈中举例说,如何把大学生朴素的爱国之情升华为对于党和社会主义制度的热爱就是需要引导的一个重要思想关节点。[2]

过去十余年,心理卫生监测也发展成为大学校园进行学生管理工作的有效工具。心理卫生监测可以通过大学生日常生活观察了解学生的思想和行为,并且及时识别异常情况以进行干预。中国高等院校在日常学生管理工作中所定义的心理卫生监测范围比西方国家更广泛;大学心理干预机构需要监测和干预的心理疾患不仅包括临床医学所定义的精神问题,也包括一些行为反常、破坏秩序,或是持极为激进社会政治观点的情况。[3] 现在,在绝大多数中国高等院校,大学新生自

---

[1] 北京大学学生工作部、教务部、医学部教育处:《关于在医学部、元培学院试点学生学业会商工作的通知》,2010年11月。
[2] 对大学党政干部的访谈,2011年10月。
[3] 对大学党政干部及政治辅导员的访谈,2011年10月。

入校当日就参加心理监测。在不少院校，所有一年级新生在注册报到期间，都需要完成一份心理健康普查问卷；普查问卷的结果将由学生工作系统的干部进行仔细研究和研判。若有学生出现异常征兆，将会从入学第一天起受到学校学生工作部门的关注和一些照顾。[①] 另外，最近十年，不少高等院校在每个班级都设立有一个称作"心理健康委员"的学生干部岗位。根据一位访谈者表示，心理健康委员需要在日常学习生活中注意发现同学中存在的"异常心理状况"，并与学校心理健康干预机构联系处理，确保不因为心理健康问题诱发重大突发事件。

学生社团管理

学生社团组织是大学校园生活图景中充满活力的组成部分，但亦是过去不同时期学生运动的重要动员力量的来源。在"文化大革命"结束后，大学校园里蓬勃发展、多姿多彩的学生社团活动是改革开放时期中国高等院校日常生活的一个显著特点。对于大学学生工作系统而言，教育好、管理好、协调好这些不同主题、不同门类、不同组织形式和活动方式的学生社团组织成为了一项重要的政治任务，直接关系到大学校园政治和生活秩序的稳定。

若在一个西方观察者眼中，现时中国大学校园中的学生社团大致可分为三个类别：各级共青团组织、各级学生会组织，以及各式各样的学生社团。受中国共产党的委托，大学校园里的共青团组织负责领导各级学生会、管理各学生社团，以及团结领导校内所有团员青年

---

① 对政治辅导员的访谈，2011年10月。

（注：根据团章，加入共青团的年龄限制是 14—28 岁）。学生会是拥有官方授权、能够代表整个学生群体进行自我管理和服务的正式组织，但在日常校园生活中，共青团的领导组织才是在学生群体中最具权力的组织。

共青团受大学党委委托对校园内所有学生社团的组织和日常活动进行监督管理。大学团委对学生社团的管理过程从学生社团筹组那一刻起便开始。当学生策划筹建一个新的学生社团时，无论社团的性质如何，共青团通常会要求筹建计划首先获得学院一级团委和党委的批准。之后，校团委会对所有组建学生社团的申请进行审批，必要时团委还会征求校内外部门的意见；只有当校团委对组建计划的各方面均感到满意时，该社团才能正式获批准成立，在校园内合法活动。[1] 此外，在大部分高等院校，团委都设立了对全校所有学生社团进行年度审查（考核）的机制，对于组织涣散、长期无实质活动或者在政治敏感领域出现出格动作的社团会被拒绝登记续期。比较高的组建门槛和年度审查考核机制有效地排除了任何不受欢迎的学生社团在大学校园内公开开展活动的可能性。

共青团对于学生社团赖以开展活动的各项校园资源（例如教室会议室分配、通告栏使用权以及经费支援等）拥有垄断权。当已通过注册的合法学生社团申请使用这些校园资源举办活动时，共青团仍需对每份活动申请就其内容、形式以及可能出席的人士进行逐案审查，再决定是否批准以及拨给相应资源。共青团在评估活动申请时所采用的标准并无一定之章，在不同时期往往会由于个案不同和总体政治气氛差异而出现变化。此外，共青团在审批学生社团活动时还有许多习惯

---

[1] 对大学学生组织领袖的访谈，2013 年 6 月。

性规则需要遵从。比如在2002年某中部省份的团省委曾发布一份文件，明确要求禁止组织和举办任何跨校学生社团活动。①

职业前途

当代中国大学学生群体的一个显著结构特征，是综合型大学理工科学生和人文社科学生之间的比例不平衡，以及高等职业教育学生群体的兴旺。2010年，在全国2358所大专院校中有1113所（即47%的大专院校）是专门进行的院校。② 同年，中国有5774245名大学毕业生；其中4095814（71%）的学生是以自然科学、工程学、农业、药学或是管理科学作为专业。③ 当代大学生面临的另一个重要情况就是毛泽东时代由国家主导、向大学毕业生"分配工作"的机制遭到废除；当下，即使是中国的两所顶尖大学（北京大学和清华大学）的毕业生也不得不走入竞争激烈的市场去找到属于自己的一份工作。

考虑到以实用为本的学科的蓬勃发展和来自残酷就业市场的巨大压力，传统上作为知识象牙塔的中国高等院校渐渐向生机勃勃的社会主义市场经济让步，因而逐步带来了中国高等教育的迅速商业化。在21世纪初期，大学不再是培养当下和未来针砭时弊、引领思想的知识分子的养成所，而是逐渐变成国家经济腾飞所需的人力资源的提供者。此外，1999年，国家决定大幅提升全国大专院校录取率（俗称"扩招"），从而进一步淡化了大学生作为"天之骄子"的观念，也令

---

① 对大学学生干部的访谈，2011年10月。
② 谢焕忠编纂：《中国教育统计年鉴》，第21页。
③ 同上书，第34页。

他们和过往大学生作为知识精英需要背负改进国家政治重任的传统疏离。① 随着中国高等教育的定位由民国以来的精英教育变为大众教育，当代的中国大学生不再是高高在上、脱离人间烟火的精神贵族；他们也需要在市场经济大潮和严峻的就业竞争形势的冲击下，忍受着不安、自我怀疑以及对于自身职业未来的巨大焦虑。② 交织而来的压力迫使中国大学生必须将自己抽离出充满批评精神的中国知识界，转而投向更为政治冷感及愿意顺从大势的专业阶层。这种大学生自身身份定位上的深刻变化——由"准知识精英"到"准专业人士"，对于国家总体政治和社会秩序稳定具有深远影响。

奖惩机制

无论何种形式的政体，在建立和维持政治管控中的一个关键要素，就是要通过精准的资源分配，对服从者给予奖励，对于不服从者施以惩罚。在改革开放时期，随着传统的资源控制（例如国家分配工作等）在全面市场化背景下逐渐淡化，入党成为学生管理系统给予政治合格的优秀学生的重要政治奖励。经历一个精挑细选、精英主义的甄别过程后，一小部分大学生能在学习期间被接受加入中国共产党。③

---

① 在 Limin Bai, "Graduate Unemployment: Dilemmas and Challenges in China's Move to Mass Higher Education," *The China Quarterly*, 2006, 185, pp. 128 – 144 中可见关于 1999 年中国决定大量增加大学招募名额及其相应影响的论述。

② 在第二次世界大战之后，东欧诸国也发生了类似的情况。模仿自苏联模型，这些国家高等教育机构的专业化和扩张导致了大学学生的同一性、焦虑感和压力普遍增加。相关论述可见于 Guy Neave, "Patterns," in Walter Ruegg and Hilda de Ridder Simoens (eds.), *A History of the University in Europe*, 1945 – 1990 (Volume Ⅳ) (New York and London: Cambridge University Press, 2011), pp. 35 – 46。

③ 对大学学生及学生干部的访谈，2012 年 10 月。

第五章　构建稳定秩序：中国共产党如何维护大学校园的政治安定？ | **153**

根据中共中央组织部的披露，在 2010 年，全国在校大学生中有 11%的学生是党员。① 学生党员作为中国执政党成员，其身份会在大学生活乃至职业发展上为其带来一般学生无法得到的优势。党员身份带来的更多、更好的职业选择，对众多希望在毕业后拥有良好生活前景的大学生构成强大吸引力。当下，绝大部分（并非所有）党政机构在向大学招录干部时，不是硬性规定申请人必须有党员身份，就是会优先考虑具有党员身份的学生。② 此外，根据受访者的观察，学生党员在竞争待遇优厚的国有企业职位时，也往往较普通学生更有优势。在失业率居高不下和大学大幅度扩张招生规模的条件下，大学毕业生就业市场竞争异常激烈，获得"就职机会"就成为大学生在政治上积极求进步的重要动机。③

在大学免试推荐研究生（保送）制度下，大学也可以对政治上进步和贡献多的学生予以适当倾斜。在保送制度下，一些经大学审核及挑选的学生，在获教育部批准之后，能够直接进入研究生院就读，而不必参加竞争极为激烈的全国研究生招生统一考试。尽管不同的大学会自行设立挑选这类幸运儿的程序，但绝大多数高等院校会对候选人在本科期间的现实政治表现给予相当的考虑。校园内政治上最为积极进步的那一部分学生——如学生会干部、共青团干部以及主要学生社团积极分子等，在分配名额时往往被优先考虑，或者另行获得额外的保送名额。④ 相应地，作为惩罚，在政治行为方面有重大出格行为的

---

① 杨晨光：《全国在校大学生党员二百五十一万》，《中国教育报》2011 年 7 月 1 日。
② 对大学学生及学生干部的访谈，2012 年 10 月。
③ 刘允正、郝春新、何新生：《裂变与整合》，光明日报出版社 2009 年版。
④ 对原大学学生干部的访谈，2013 年 6 月。

学生则可能会被"取消保研资格"。

相比于毛泽东时代国家向所有大学毕业生分配工作的制度，社会主义市场经济的转型以及不断壮大的私营经济似乎削弱了大学党委对学生职业前景的控制程度。虽然如此，今天，中国高等院校的学生管理部门在向用人单位（特别是党政军机关）推荐他们属意的候选人时，依旧拥有相当大的影响力。此外，一些机会——例如直接选拔进入地方党政机关担任"选调生"等，仅透过大学的党团组织和学生工作部门来进行遴选；这些机会也因此成为向政治上积极进步的学生提供奖励的另一个渠道。

敏感期

维护大学校园政治和生活秩序的稳定，虽说主要依靠平时常态化的管理工作，但对各高等院校的学生管理部门来说，仍有一项至关重要的任务不可忽视——那就是在每年特定的"敏感期"加强对校园的管控，防止出现突发事件。敏感期主要由政府根据不同原因而指定。有些敏感期是常规的（每年全国人大和全国政协全体会议召开前后），有些是不定期但是可预测的（通常是在重大社会或政治事件之前，如北京奥运会之前），而有些则是突发或是难以预测的（例如"非典型性肺炎"传播期，或是海外网站号召中国国内进行反政府活动等）。① 与研究社会运动的学者一样，政府也意识到"触发事件"（triggering event）在引发大规模集体行动中所扮演的重要角色。② 故此，在政治

---

① 对大学党政干部及学生干部的访谈，2013 年 6 月。
② 在 Wight E. Bakke and Mary S. Bakke, *Campus Challenge* (Hamden, C.T.: Archon Books, 1971) 中有"触发事件"的相关论述。

第五章　构建稳定秩序：中国共产党如何维护大学校园的政治安定？

敏感期额外加强控制力度的主要目的，就是为了防止境内外敌对势力抓住某些"触发事件"所提供的机会并赋予这些事件"象征性的政治内涵"，从而煽动起学生集体行动。[①]

无论是常规的，还是经临时指定的敏感期，高等院校学生管理部门在此期间对各项管理制度的执行会变得更加严格，检查督促也更加频密。学生工作部门和保卫部门也会采取额外的措施确保校园秩序稳定。在敏感期，大学管理部门与国家执法部门之间也需进行有效、深入而实时的合作，以及时识别可能发生的学生动乱及预防大规模集体行动发生。[②] 一位重点大学学院党委副书记在接受访谈时说：

> 问：当有政治上的突发事件时，学校如何和政府有关部门联动处理情况？
>
> 答：（当突发事件出现），有关执法部门派人过来，学校召集学院的书记们开会，强调社会稳定的重要性，要求学生不要参与。接着学院通知到班主任和班长……如果单独有学生参与了这个事情，那就单独去沟通。一般学校开完会，我们就通过短信平台把通知发出去了。我们（学院党委）作为"二传手"，很快的。有些重点问题，可能开会的当时，我就给班主任打电话，就处理掉了。我们更多是利用网络平台，或者电话（因为有些敏感词还会在短信平台上发不出去），通过这些平台通知到辅导员、班长，一级一级压下去，半小时内搞定。突发事件原则上要求是

[①] Hank Johnston, *States and Social Movements* (Cambridge: Polity Press, 2011), p. 122.

[②] 对大学学生干部的访谈，2011年6月。

半小时有负责人到现场，最多不超过一个小时。①

全天候关注学生群体动向以及对学生活动进行适当限制是敏感期学生管控措施的重要部分。学生干部会议和班会、团会等将会更频繁地召开。学校的管理干部也会单独接触学生群体中的目标对象。例如在 2009 年新疆"七五"事件发生时，笔者所深入访谈的某省属大学学生管理干部被要求对每个来自新疆的学生进行访谈，以了解他们的思想动态，及时发现情绪波动。学生干部也收到指示要更加密切关注这些学生的思想和行动。②在敏感期，学生会和共青团通常会组织额外的娱乐或是课外活动，以分散学生对政治事件可能的注意力。与此同时，由其他学生社团发起的大型学生活动则需要受到适当限制。③

在敏感期，学生信息员制度也在各高等院校被广泛运用。一位大学的学生工作干部在受访时说：

> （学生信息员）要向班主任或辅导员报告（反常状况）。这些都是立体层级，班主任、辅导员，甚至党委书记也可能直接面对个体的学生。信息员就是什么都得打听到，但更多是针对学习有困难的学生，比如他们有没有去上课，是不是需要人帮助。或者经济上有困难的同学，有人每天一个窝窝头，但是不说出来。或者是心理上有困难，很明显的歇斯底里，从来不跟别人交流。

---

① 对某重点大学学生工作干部的访谈，2011 年 6 月。然而，值得一提的是，一些学生倾向于将大学对于政治敏感事件的快速回应看作"反应过度"。在某种意义上，大学所采取的预防措施也促进了反抗运动信息的传播。
② 对大学学生干部的访谈，2011 年 10 月。
③ 对大学学生干部的访谈，2011 年 6 月。

第五章 构建稳定秩序：中国共产党如何维护大学校园的政治安定？

这些异常情况，信息员有义务发现。当然其他班委也有这个职能，但信息员是专职的。①

另外，高等院校通常会在敏感期加强对校园电脑网络的管理和控制，以及加强对校园网上各种言论的实时关注。② 对学生工作干部和团委干部而言，监督和管理校园电脑网络上进行的公共讨论，本来就是他们日常工作的一部分。然而，校方在敏感期执行相关管控措施时会更为严格审慎。在敏感期，大学相关部门管理人员（有时是一间特别主管校园网的办公室）对于线上发帖及聊天室的内容均会进行24小时的监管。如果部分网上言论显得过于激进或具煽动性时，会要求学生评论员撰写相应回帖，反驳过激言论。在官方论述中，这项工作被称为"舆论引导"。③ 此外，针对政治谣言、激进评论以及煽动性讯息，相关主管部门会仔细进行鉴别、删除，必要时会找发帖者当面沟通。④

21世纪初期，大学在网络管理方面也从过去简单的管控、防堵，逐渐转向更为积极进取的工作办法。譬如，不少高等院校开始资助获

---

① 对大学党政干部的访谈，2011年10月。
② 对大学学生干部的访谈，2011年10月。
③ 对大学学生干部的访谈，2011年10月。根据徐涛的总结，这项工作主要包括六个方面的内容：一是规范大学生的网络行为，建立更加完善的规章制度；二是对国外的焦点问题及时审查，对上级主管部门禁止的内容要尽快清理；三是在敏感时期要加强对电子邮件的过滤，以抵御境外敌对势力的信息攻击，防止反动电子刊物对学生的影响，维护校园的政治稳定；四是对在网上散布不良言论和发表反动文章的大学生要予以及时处理，对查实真有问题的学生要进行重点的个别教育；五是学生工作人员要经常从网络中收集信息、分析信息，控制信息源头，对学生中出现的思想问题及时地进行个别教育；六是加强网络管理，加大网络道德宣传和法规宣传，形成良好的网络文化环境。参见徐涛《新时期高校学生工作研究》，西南交通大学出版社2007年版，第228—229页。
④ 对大学官员的访谈，2011年10月和2013年6月。

得官方认可的学生网站或者校园论坛发展壮大,让它们与由学生私人运营而受管控程度较低的那些"地下"网站竞争,争取吸引更多的学生用户。这些受官方支持的学生网站在资金、人力、物力等方面均较学生自行运营的网站享有极大的优势。特别是在敏感期,非官方的学生网站往往被要求暂时停止运作;换言之,在此期间大学管理层容许官方学生网站实际上垄断信息流通和网上公共讨论空间,以确保反体制的动员没有渠道进行。① 近年,随着如社交媒体、即时通讯以及微博等第二代互联网(Web 2.0)服务在中国的兴起,学生更倾向使用这些可靠、低廉而且便捷的方式来组织和交流,过往的校园网网站和论坛已经逐渐失去原有的影响力。在中国大学校园里,大部分的班级、学生社团甚至宿舍楼都以不同形式创建了自己的网络群组(如微信群等)。校方也开始逐步要求政治辅导员和学生积极分子参加并密切关注这些网络群组,将学生管理工作和校园思想政治工作延伸到网络空间。②

◇ 结　语

长久以来,政治学者都试图解构国家对社会的管控这只"黑匣子"。然而,要透彻理解不同政治体系管控社会力量的制度、机制和方法,对国家和大学生群体的关系的考察和厘清就显得尤其重要。青年和大学生管控是一扇窗户,透过它,我们可以看到国家和社会关系

---

① 对现大学学生干部以及前大学学生干部的访谈,2011 年 10 月和 2013 年 6 月。
② 对大学党政干部、政治辅导员以及学生干部的访谈,2011 年 10 月和 2013 年 6 月。

更宏大的图景。基诺·杰尔马尼（Gino Germani）在研究20世纪意大利和西班牙的青年及大学生之政治教化时曾指出，在处理与青年群体的关系时，政权往往都需要面对"参与和控制之间的矛盾"（contradictions of participation and control）①。换言之，政权一方面需要"积极动员青年，并令他们具创造性地参与国家事务"，同时又需要对青年群体保持严格的教育、约束和管理，以防他们演变成反体制的破坏力量。② 因此，在不同历史阶段，国家经常透过强调这对矛盾的一个方面而压制另一方面，以应对特定的国内及国际局势，从而得以维护政治秩序的安全和稳定。

因此，在毛泽东时代，国家在处理与学生群体关系时采取"参与本位"的路线。经国家动员起来的广大青年学生一度成为"文化大革命"中奋起打碎一切旧思想、旧文化、旧风俗、旧习惯，甚至"踢开党委闹革命"的主要社会力量。然而，在改革开放时期，大学生的管理和控制机制则显得高度技术化、科层化以及实用主义化。国家在借鉴国内外经验之后，强调避免使用单纯压制的办法来维持大学生群体对国家基本政治秩序的支持；在21世纪，国家更重视依赖日常管理、思想教育、政治仪式、物质奖惩等方式，以争取大学生和国家政治秩序之间的协同性。而且，透过精巧优化的管理和干预体系，国家得以保持对大学生群体的全天候关注，而校园内严密的审查和管控系统也能防止学生受动员成为足以威胁校园、城市或是国家稳定的力量。21世纪初期，在经济腾飞、市场经济转轨和现代化转型三管齐下的新形

---

① Gino Germani, "Political Socialization of Youth in Fascist Regimes: Italy and Spain," in Samuel P. Huntington and Clement H. Moore (eds.), *Authoritarian Politics in Modern Society* (New York: Basic Books, 1970), p. 354.

② Ibid., p. 355.

势下，中国共产党的首要任务就是维持国家基本政治秩序的安定和安全。在中国大学校园建立和执行的这一整套制度化控制机制，对于过往数十年中国政治的总体稳定作出了重要贡献。

第六章

预防性管控与基层社会稳定：华东某县的社会面管控工作调查

经济社会大变动的时代带来了社会利益格局的剧烈分化和改组，以及国家治理所依赖的资源结构的调整变化。在市场化、现代化和经济腾飞这三个极为深刻的社会经济进程同时发生之时，在社会层面，原有的利益矛盾有可能被激化和凸显，新的利益关系和利益冲突有可能萌发。在这样经济社会突飞猛进的时代，要维护国家基本政治秩序的稳定和安全，就必须认真识别、研判和应对社会层面利益关系的调整对政治稳定所带来的各种冲击。因此，对于国家的长治久安和政权的稳定安全而言，在21世纪初期动荡不安的全球政治、经济和军事环境下，如何构建和不断加强对国内社会面管控，妥善协调多元社会利益与政权之间的互动，已成为包括中国共产党在内的各国执政党治国理政的重要工作内容。

"郡县治、天下安"。本章基于笔者2012年在华东地区数县市（以下统称"东县"）所进行的田野调查研究，以翔实的档案材料和访谈内容，深入检视和分析21世纪初期中国基层党委、政府进行社会面管控的重要工作机制——县级社会面管控系统。通过考察东县这一综合样本县域社会面管控系统的组织结构、工作机制、日常活动以及运作原则，本章揭示基层党委和政府在经济社会深刻变化的时代，如何因应新的利益关系和治理格局，积极开展预防性管控，识别、研判和防范社会面的潜在不稳定因素，疏导和化解社会矛盾冲突，防止潜在不稳定因素对国家基本政治秩序和社会安宁构成实际破坏，从而保证政权在基层一级的总体稳定。

◇ 社会面管控

"基础不牢、地动山摇"。随着经济社会的快速转型，中国基层社会的原有利益格局也不断面临着新的分化改组。旧的利益平衡不断被打破，新的利益冲突和矛盾被催生，党和政府对社会进行管控的资源结构与计划经济时期相比也有了很大改变。因此，在基层社会，以各种手段和形式单独或者集体表达利益诉求的行为成为中国政治中的常态现象。这是发展中国家在经济社会高速发展和转型时期所需要面临的共同挑战。如何在社会利益大分化和大改组的时代保证国内社会面安宁和国家基本政治秩序的稳定，直接决定各发展中国家政权的存续能力，也决定了这些国家政权能否成功面对外部世界颠覆势力的干涉与挑战。毕竟，"外因是变化的条件，内因是变化的根据，外因通过内因而起作用"[①]。

从历史上看，各国政权的存续能力一方面取决于政权的吸纳能力，即政权的弹性；另一方面，取决于通过制度化手段对实际和潜在的足以威胁基本政治秩序的风险进行识别、预防、监控、干预和消除的能力，亦即政权对社会面管控的效度。后一种能力所反映的是政权

---

① 毛泽东：《矛盾论》，载《毛泽东选集》第1卷，人民出版社1991年版，第302页。

第六章　预防性管控与基层社会稳定：华东某县的社会面管控工作调查 **163**

的刚性。自 20 世纪 90 年代以来，鉴于全球政治环境的复杂多变和国内利益格局随着市场化和现代化的发展而不断调整，作为中国执政党的中国共产党更加强调优化社会面管控和维护基本政治秩序稳定，对于建设有中国特色社会主义以及维系政权安全和人民生活安宁的极端重要性。中国共产党中央领导集体始终把处理好改革、发展和稳定三者之间的关系作为在新时期治国理政的重要课题。为了应对随着社会经济快速转型而变得日益错综复杂的社会利益矛盾和诉求，中国共产党也在维护基本政治秩序和社会秩序安定方面加大了资源投入，显著地加强了用于维护公共安全和加强社会面管控的预算安排。[①] 面对基层社会矛盾的凸显，以及随之而来的潜在不安定要素对国家基本政治秩序在基层所构成的挑战和威胁，充分运用国家刚性、开展社会面的预防性管控以维护国内政治社会稳定，显然是在复杂多变的环境下保障政权安全以及存续的关键环节。

值得注意的是，西方中国研究学者在观察到中国共产党对维护政治和社会稳定的高度重视之后，亦相当关注中国共产党和政府应对由经济转型所带来的社会及政治挑战而作出的不同制度性安排及采取的策略。[②] 西方学界的相关研究为我们提供了颇值得参考的看法，有助于

[①] 财政部：《中国财政年鉴 2002》，中国统计出版社 2002 年版；国家统计局：《中国统计年鉴 2012》，中国统计出版社 2012 年版。

[②] 例如，Kevin J. O'Brien and Lianjiang Li, "Suing the Local State: Administrative Litigation in Rural China," *The China Journal*, 2004, 51, pp. 75 – 96; Yongshun Cai, "Local Government and the Suppression of Popular Resistance in China," (2008) *The China Quarterly* 193, pp. 24 – 41; Feng Chen and Xin Xu, "Active Judicial: Judicial Dismantling of Workers' Collective Action in China," *The China Journal*, 2012, 67, pp. 87 – 107; Chiang Kwan Lee and Yonghong Zhang, "The Power of Instability: Unraveling the Microfoundations of Bargained Authoritarianism in China," *American Journal of Sociology*, 2013, 118（6）, pp. 1475 – 1508。

我们从另一个角度观察中国地方党委和政府在面对复杂多元的社会利益和集体行动参与者时,如何以有效手段进行临机处置,力求集体行动不扩大、不升级、不暴力化和不政治化,从而保证地方基本的政治和社会秩序不受根本性破坏。

但是,当前学界对于中国地方政府日常性社会面管控,特别是如何通过预防性管控,提前识别、干预和消弭潜在不稳定因素和破坏力量的研究却仍付之阙如;而这一领域恰恰是中国政体的特点和优势之所在。学界尤其是对县(市)一级的基层社会面管控机制——这一中国特有的基础性制度安排,尚未有系统性和翔实的档案及田野调查研究。如前所述,如果相关研究仍主要集中在通过检视地方党委、政府如何处理已经爆发出来的各种集体行动来研究地方社会面管控系统,将会忽视掉地方政府所进行的大量的、更重要的先制和预防性管控工作;但正是这些旨在弭患于无形之中的预防性工作,才令得更多对基本社会政治秩序构成破坏的集体事件得以避免爆发。

因此,在21世纪初期,中国地方党委和政府日常的社会面管控,主要还是集中在其为预防潜在不稳定因素发生破坏性影响所采取的一系列预防和先制措施,而非对于集体行动"消防队式"的临场压制。笔者将于本章指出,恰恰是这些日常预防措施才构成了政权加强社会面管控、维护基层政治社会稳定的实践主干。本章将就东县社会面管控系统的制度结构及日常运作进行深入检视和分析,并探究东县社会面管控系统如何应对及处理各种可能破坏影响政治和社会秩序稳定的潜在要素。整体而言,本章旨在阐释中国基层政府的预防性管控的日常运作原则,并且展示预防性管控对于保障社会面稳定和国家长治久安的重要意义。

第六章 预防性管控与基层社会稳定：华东某县的社会面管控工作调查

◇ 指挥链

"中国不能乱""中国不允许乱"。① 随着过去二十年中共中央领导层反复强调政治稳定对于改革开放和现代化建设极端重要的意义，对中国各地的地方政府而言，如何保持基层政治和社会秩序的安定以及如何确保政权对社会的有效治理，成为地方政府施政的主要挑战之一。东县也不例外。为了通过日常社会面管控及早识别、发现、干预和消除潜在不稳定因素，东县构建了一个强大而完整的社会面管控制度体系，并配备了高效的指挥链。基层社会面管控机制因其在政治上的重要意义以及与政法部门的密切联系，其运作由县委直接领导，由县政府有关部门密切配合，形成合力。

透过深入检视可发现，东县的社会面管控系统是一个具有紧密组织架构、各组成部门之间相互联系频密的制度化系统。位于东县社会面管控系统指挥链顶层的是东县县委书记。作为东县社会面管控工作的第一责任人，县委书记守土有责，而其也一直被认为是县域之内在维护政治社会稳定和处理突发事件上具有最终决定权的官员。基于县（市）主要领导干部需要对县域内社会政治稳定情况负责的规定，东县县委书记对其作出的任何决策或者部署均需要担负全部责任。事实上，维护辖区政治社会稳定的成绩，是各级党委、政府对其所属干部政绩表现进行评价时所依据的重要指标之一。在社会面管控问题上的

---

① 邓小平：《中国不允许乱》，载《邓小平文选》第3卷，人民出版社1993年版，第286—287页；人民日报评论员：《始终牢记没有稳定的社会局面就什么事也干不成》，《人民日报》2005年4月29日。

任何负面记录，在理论上都会使一个县级党委书记在至少数年之内失去评奖评先以及被提拔重用的机会。

因此，所谓的"一票否决制"是确保通常对经济发展更感兴趣的中国地方官员对于政权安全也能负起责任的强制性安排，迫使地方干部不得不将大量的财政和人力资源投放于防止社会不稳定因素的工作中去。有鉴于社会面管控的极端重要意义，各级党委都在每年的年度检查评比中，仔细审查各项预防式社会面管控措施的落实情况，并通过群体事件发生数、信访数量等一系列综合性指标评价各级下属党委书记在社会面管控方面的表现。[1] 显然，党内对社会面管控所严格执行的问责制度，令地方党委领导干部在维护政权安全方面分担了中央层面的压力，并使中央领导层对于政权安全和国家基本政治秩序安定的高度重视得以通过问责制传递至国家机器的最基层。因此，从过往二十年的实践来看，虽然社会面管控问责制给地方党委、政府带来了空前的压力，但这一制度确保了中国政治体制内各层级之间能够在政权安全方面达成共识，便于全党形成共同守卫国家基本政治秩序稳定安全的合力。这是中国政治体制相较于很多发展中国家政权所具有的鲜明特色和优势。

在县委书记之外，每个县委也基本指定一名常委，专门负责该县社会面管控系统的日常管理和监督工作。在东县，负责分管县社会面管控工作的是县委常委、政法委书记。因此，东县县委政法委也挂第二块牌子："县维稳办"。县维稳办联系的部门范围比县委政法委更为广泛。东县维稳办的权力包括"指导、协调并领导执法部门和司法机关"开展相关工作，以预防群体性事件发生，维护当地社会政治稳

---

[1] 其他被严肃对待，并享有"一票否决权"的事项包括计划生育、非常严重的安全生产事故等。

第六章　预防性管控与基层社会稳定：华东某县的社会面管控工作调查 | **167**

定。维稳办成员单位亦因此包括东县的人民法院、人民检察院、公安局、司法局、民政局等，县纪律检查委员会、宣传部、信访局、监察局、人民武装部以及县政府的其他一些工作部门也是维稳办的成员或联系单位。[①] 在维稳办之下，东县还设立了"社会治安综合治理办公室"，承担日常社会治安和综合治理工作。以上机构基本组成了县级的社会面管控系统。乡镇一级的社会面管控工作机构设置则与县级相互对应。

在村一级，每个行政村均设立一个"社会治安综合治理站"，其成员一般包括村支部成员，包村、驻村的上级干部，村级安全主管（如民兵队长、治保主任等）和村内的所有共产党员。除此之外，在基层村庄还建立了半官方的社会面管控工作群众组织，例如治保会、调解会和民兵等，对官方社会面管控机制运作形成补充。整体看来，东县的社会面管控系统从上到下构成了一个巨型的"环环紧扣、金字塔式的机器"[②]，责任由县委书记一直延伸至基层党组织。与东县其他官僚机制相比，社会面管控体系拥有较高的执行力和强制力，能够实时对社情作出反应，并具有对不稳定因素进行全天候管控、对紧急情况进行及时应对的能力和充足资源。

根据东县县委的统一部署，该县社会面管控系统的三大主要任务包括维护政治安全、公共安全以及安全生产。政治安全指政权的安全，亦即维稳办必须确保县域内不发生政治颠覆活动、反

[①] 与某县县委负责干部的座谈，2012 年 7 月。据介绍，在其他县，如果政法委书记不是常委成员，县委会单独建立一个"维稳工作领导小组"，由一位县委常委成员领导，作为县级维稳工作的分管领导。

[②] Andrew Walder, *Fractured Rebellion* (Cambridge, M. A.: Harvard University Press, 2009).

政府示威、政治性的集体行动、由未被关注处理的社会怨气而引致的激进社会运动、邪教活动以及骚乱暴乱等。公共安全则指维护社会基本秩序和加强治安、扑灭犯罪等。在此方面，县维稳办特别需要注意防范伤亡数量大的大型暴力事件、死伤人数多或社会影响恶劣的恶性犯罪，以及越级上访、"缠访"或"闹访"等。安全生产则包括监督建筑工地、生产场所安全，防范严重意外发生（例如工厂爆炸、可能造成一定人数伤亡的严重交通事故，以及煤矿事故等）。在维稳办的联系协调下，经过数十年的运作，东县的社会面管控体系实际上已经形成了一个跨部门、跨党政、效率高、指挥统一的系统，具有相当高的执行力提前发现、识别和干预对社会政治稳定有可能造成威胁的潜在不稳定因素，以预防性管控维持整体社会政治稳定。

◇ 潜在不稳定因素

如欲对中国的社会面管控制度进行系统性研究，我们的首要任务之一是了解基层党委、政府在维护社会政治稳定时所面临的主要威胁——这也是基层党委、政府所需要处理的潜在不稳定因素。东县的文件档案中提供了大量反映该县社会面管控系统日常所需要处理的不稳定因素的资料。根据县委要求，东县社会面管控系统有责任处理发生在辖区内的各种"不稳定征候"，并且需要组织力量现场处理任何影响社会或政治秩序的突发事件。

对于应对和处置"不稳定征候"工作而言，时间节点亦非常重要。正如一位维稳办官员在访谈中所说：

第六章 预防性管控与基层社会稳定：华东某县的社会面管控工作调查 | 169

> 维稳对东县很重要；因为东县是个旅游城市，稍微有些不安定就会对于旅游业造成巨大影响。况且现在又是个网络媒体发达的情况，稍有风吹草动就可能演变成突发性群体事件……去年（基层村党支部、村委会）换届，民警挂靠村庄，全程排查矛盾，换届之后还帮助建立班子等，起到了重要作用……其实换届期间本是上访的高峰期，是群众矛盾主要爆发的关键节点……另外矛盾容易爆发的时候还有1989年"政治风波"及"七五"事件纪念日，还有重大活动，比如文化节，还有春节——因为有民工工资问题，这包括在东县打工的民工和在外地打工的东县民工——这些都是社会面管控的关键时期。①

有意思的是，在东县的田野调查研究显示，县级社会面管控系统很少需要直接处理政治性和意识形态程度非常高的事件。除非上级给县级维稳办发布了具体而详尽的指令（例如预防邪教工作等），这类高度政治性的问题通常由省级党组织甚或更高层的党政机关来部署处理。在县级，对整体社会政治稳定的威胁往往来自于日常社会生活中一些历史或者现实形成的问题。在东县，县社会面管控系统需要处理的日常威胁大致来自四个互有重叠的领域：世仇、经济利益纠纷、土地争议以及突发事件。

世仇

由于东县位处两省九县交界处，该县爆发群体性事件的主要原因

---

① 与某县维稳办负责干部的座谈，2012年7月。

之一，是处于毗邻地界的民众之间的世仇（feud）。这也成为东县社会面管控系统在日常工作中所需要调处的主要矛盾之一。在政府文件中，东县社会面管控系统对于这一问题有以下描述：

> 苇湖将东县与周边地区特别是某省琵县、铜县圈连在一起，我县七个乡镇与某省接壤，部分地区"一步跨两省，两步跨三县"。1959年以来，湖区两省群众因抢收湖产、抢种湖田等问题发生大小械斗400余起，造成数十人死亡、数百人受伤，矛盾甚至尖锐到个别尸体十年无法火化的地步。国家有关部门曾多次派出工作组前往调处，但由于种种原因，这一问题始终没有从根本上得到解决。[①]

金市作为东县这一县级单位的上级主管部门，曾在一份文件中透露东县居民与毗邻县市的边界纠纷"可上溯至清代咸丰年间，至今已有150多年的历史""近50年来，该地区共发生因边界纠纷引发的大规模械斗400余起，死亡31人，伤800余人"[②]。此外，"死者家属多次围堵东县县委、县政府，冲击……镇政府和当地派出所，甚至袭击中央调查组的同志，严重影响了当地经济发展和社会稳定，牵扯了中央及两省领导同志大量精力"[③]。

[①] 某县县委、县政府：《强化"五联"措施，全力维护某湖边界地区和谐稳定》，档案1—7，2005年6月，第1页。

[②] 某市市委、市政府：《建立长效机制，狠抓综合治理，全力维护某某边界某湖地区和谐稳定》，档案1—6，2009年6月，第1—2页。也可参见东县县委、县政府《某县湖区边区稳定工作情况汇报》，档案3—18，2009年3月，第1页。

[③] 档案1—6，第1—2页。

第六章　预防性管控与基层社会稳定：华东某县的社会面管控工作调查 | **171**

经济利益纠纷

随着经济体制向社会主义市场经济的迅速转型，经济利益纠纷也开始逐渐成为基层社会不稳定的主要诱因之一。如果说上述的世仇因素或多或少带有一些东县地方的特殊性，那么调处由经济利益矛盾所引致的居民之间、宗族之间、居民与集体经济组织、居民与外部经济体，甚至居民与国家之间的纠纷和冲突则是基层社会面管控系统在市场经济条件下所需要处理的惯常工作。在东县的田野调查研究显示，因产权、利益分配、商业竞争以及其他经济问题所引发的民事纠纷升级成为公开的抗议、示威或大规模集体行动，并非鲜见。

例如，一宗由违反地方商业利益纠纷引起的骚乱就发生于2009年。当时东县某主要国营煤矿的主管人员决定用国有铁路进行煤矿产品的包销运输，并因此而减少使用由村民私人经营的运输车辆。这导致以煤炭运输业为生的当地村民暴力袭击煤矿矿场内的建筑，以表达他们对于此计划的不满。事件爆发后，社会面管控部门立刻接到了介入指令，进行现场处置。[①] 在同一年，另一个"不稳定征候"也是由商业利益纠纷引发。当年，一个爆炸品仓库外墙在大雨中倒塌，并将邻村的灌溉渠压坏。而作为该爆炸品仓库业主的地方人企业在事件处理过程中对于村庄社区表现出的傲慢以及轻忽，激起村民团结起来直接与该企业对抗，较大规模的群体性事件一触即发。东县的社会面管控系统为了防止一次足以引起全国媒体关注的大型群体性事件发生，

[①]《受矿霸有组织干扰，某某煤田包销运输合同严重受阻的情况反映》，档案2—6，2009年11月10日，第1页。

不得不再一次开足马力，两方面做工作以化解僵局。①

在东县，由经济利益引致的矛盾冲突通常源于个人间或家庭间的民事纠纷，或是源自农民和地方企业之间的利益瓜葛。但是，在这些通常毫无政治性的矛盾冲突中，争端中的弱势一方往往利用发动集体行动或是公开抗议作为向政府施加压力、谋取己方利益的有效工具；但这些集体行动显然成为对县域内整体社会政治秩序稳定的潜在威胁。不论原初的诱因或参与者个人动机为何，经济利益纠纷在中国特有的环境下往往形成进一步的社会政治动乱的来源，因此社会面管控系统在日常工作中仍会格外谨慎小心地处理这些貌似毫不涉及政治问题的纠纷，防止其被扩大化、暴力化甚至政治化。

土地争议

土地争议是一种特殊形式的经济利益纠纷。在东县，土地争议涉及与土地有关的所有权、承包权、衍生利益以及与耕地或宅基地相关的租值收入等方面的纠纷，矛盾性质尖锐，对立情绪强，往往难以化解，也较易引起大规模的集体行动。尤其在过去数十年间，随着中国工业及城镇化的快速发展，与土地权利相关的矛盾冲突越来越凸显，暴力化程度高、涉及面复杂——在农村地区此类矛盾特别突出。故此，涉及土地权利的争议已经成为威胁东县社会政治稳定的重要因素，也是该县社会面管控系统日常工作的重要内容。

在东县，相当部分可能导致社会不稳定的严重土地争议发生在农村社群和当地企业之间。举例而言，某国有企业于 1989 年从定村认

---

① 《某县成功处置关于某某煤矿炸药库围墙倒塌的纠纷》，《建设平安某市简报》第 47 期，档案 2—5，2009 年 7 月 23 日。

第六章　预防性管控与基层社会稳定：华东某县的社会面管控工作调查

购60亩耕地用于修建工厂时，曾保证开工后工厂将会从该村招聘106名工人；然而，当工厂在征收的耕地上建成后，直到1993年年底，定村仅有28名村民得以被录用进入工厂工作。由于国有企业拒绝继续兑现用工承诺，定村村民遂发起一系列集体进京上访行动，并且声称不排除采取任何形式的集体行动，直到用工承诺得到履行。东县维稳办因此花费大量时间和资源来处理这一"重大不稳定征候"，以保证定村村民不进京、进省上访，把矛盾消化在当地。①

另一类土地争议的情况则是国家主导的建设项目被认为侵犯到农村社区的土地权益时，也有可能成为不稳定的潜在道因。在2008年，毗邻东县的琵县政府上马了一项加固某主要河流堤坝的建设项目；然而，当施工方进入临近东县宝村的"插花地带"时（两县交界处行政管辖交错地带——编者注），遭到宝村村民包围，挖掘机也被愤怒的村民扣留。村民的怒气源头在于他们认为琵县政府在2000年为另一个建设项目向该村征地时，未能作出足够令村民满意的补偿。当堤坝工地被包围和挖掘机被哄抢后，东县地方干部曾试图接近愤怒的村民进行安抚，但并未能够阻止事态升级。文件记载：

> 挖掘机被扣后，（东县）章乡党委、政府连夜组成工作组做群众工作，在基本做通村两委及部分村民的思想工作后……组织工作人员30多人及6名公安干警出动车辆7辆到扣车地点，采取放车措施，并将车辆开赴邻省工地。途中，章乡宝村支部书记某某不顾乡领导说服劝道，一意孤行，煽动其亲属和个别群众将乡政府主要领导干部打倒在地，后又围攻殴打其他工作人员，

---

① 国有煤矿协调领导小组、某县政府：《关于某某煤电公司未履行征地协定解决农民地带工情况的调查报告》，档案2—10，2008年8月18日。

10 余名工作人员和 2 名干警不同程度受伤。之后，4 月 3 日、4 月 14 日部分村民在个别人的煽动下，连续两次来县委上访，企图掩盖其不法行为。琵县水利局和施工方强烈要求章乡放车，不然容易引发意想不到的冲突事件。①

当这一事件的现场处置难度超过乡镇一级干部的能力范围时，东县社会面管控系统干部立即接管了事件处置，并尽全力防止这项冲突升级为影响更广、规模更大及更为激进的集体行动。

突发事件

政府难以预料但突然发生的敏感事件，同样会对县级社会政治稳定造成严重冲击和影响。尤其是当这类突发事件涉及特定社会群体（例如学生或是少数民族），又恰逢政治敏感事件（例如年度"两会"召开时期），或是引起大范围谣言流传和负面社会情绪时，它们发展成为大规模社会骚乱和不稳定事件的可能性会进一步上升。东县社会面管控系统的一项日常工作，就是防范潜在的"敌对势力"将"具有政治象征意义的潜在信息"与突发事件联系起来，以发起并动员大规模群体性事件，对地方政治社会的基本秩序造成破坏。②

例如，2007 年 8 月 23 日早晨，一名在押犯人在县监狱监所中因急病昏迷。这名在押犯被立即送往县医院抢救，但其后不治身亡。当

---

① 某县政法委：《关于"3·26"事件处理情况的汇报》，档案 2—7，2008 年 4 月 29 日，第 1—2 页。

② Hank Johnston, *States and Social Movements* (Cambridge, UK: Polity Press, 2011).

第六章 预防性管控与基层社会稳定：华东某县的社会面管控工作调查

他的家属得知其死讯后陆续赶到县监狱，居民开始在县监狱门口大量聚集。次日清晨，满载超过100名居民的汽车到达县监狱门口；聚集的人群试图冲击县监狱，最后被警方阻止。此后，示威者试图捣毁监狱行政大楼，并声称有更多来自周边城市的群众正在前来支援的路上。[①] 由于这一突发事件涉及敏感人口和敏感地点，它被立刻认定是对社会政治秩序稳定构成严重威胁的事件，需要由东县社会面管控系统介入处置。

例如，在2008年6月，东县某中学一名21岁的男生在收到大学录取通知书后，与高中同学结伴毕业旅行期间不幸溺亡。男生的家属不接受警方将此案列作"意外死亡"的调查结果，怀疑事件涉及谋杀或是恶作剧等不法行为，因此威胁会组织游行示威以讨取公道，并且表示要将事件公布在互联网上。死者家属甚至因为怀疑死者生前一名同学是所谓"凶手"，而打算将死者尸体移至该名同学家，并在那里举行祭奠法事示威。由于这一突发意外事件的发生距离2008年北京夏季奥运会开幕仅有一个月左右的时间，并且地点距已安排好的当地奥运火炬接力仪式举行地点极为接近，因此立刻被上级党委、政府认定为一起对于东县的社会政治稳定具有重大威胁的突发事件；因此县社会面管控系统立即介入，并在县委直接督办下投入大量人力、物力、财力对此事进行处置。[②]

类似这样出乎预料而极具煽动性的突发事件，有很大可能吸引大量社会上成分复杂的人群参与，并因此令集体行动带头人将本来不具

---

① 某市政法委：《关于……某某监区事件处置情况的报告》，档案2—1，2007年8月29日。
② 《关于某市妥善处理一中学生溺水死亡事件有效化解影响社会稳定隐患情况的通报》，档案2—8，2008年8月6日，发布机关不详，第10页。

政治含义的意外事件迅速升级、激化和暴力化。[1] 特别是事件中出现敏感人群发生伤亡，或是事故与重要的政治时期重合时，社会上潜在的反对势力就有可能利用这些事件吸引大规模人群参与，并将其发展成为更大型、暴力化的群体事件，对地方政治社会秩序造成巨大伤害。

◇稳定之网

为了应对类型众多的社会不稳定因素，东县社会面管控系统的人员和机构通过长期努力，建构了一个由多种管控机制组成的综合安全网，以尽早发现、识别和干预对社会政治稳定有可能造成威胁的因素，防范"不稳定征候"进一步发展成为群体性事件，并在需要时有效地现场处置有可能影响社会政治稳定的突发事件，防止其升级、扩大或者蔓延。东县的社会面管控机制拥有一个综合完整的制度框架和指挥体系，使政权有能力进行官方及非官方的信息收集、人口管理、矛盾调处、应急响应以及社情管控。社会面管控系统构成了一支重要的预防力量，通过大量、细致的日常性、基础性和预见性工作，确保着县域内政治社会秩序的总体稳定，并对维护政权安全作出贡献。这些重要的预防性工作机制主要包括制度化跨境协作、排查社会矛盾、调处社会矛盾和突发事件处置四个部分。

---

[1] 《关于某市妥善处置一中学生溺水死亡事件有效化解影响社会稳定隐患情况的通报》，档案2—8，2008年8月6日，发布机关不详，第8页。

第六章　预防性管控与基层社会稳定：华东某县的社会面管控工作调查

制度化跨境协作

苇湖湖区占据东县辖区面积的 2/3。东县县委一再强调"湖区边区稳定工作是我县工作的难点、重点，也是亮点。如何……进一步提高湖区边区稳定工作的水平，成为县级班子领导同志首要考虑的问题"[①]。苇湖本身横跨多省边界，"一步跨两省、两步跨三县"；特殊的地理位置导致不同省份居民争夺湖区自然资源的矛盾冲突十分突出，也使得同一地方不同社群之间因湖产分配矛盾长期处于敌对状态。这些经年累月积聚的矛盾使得湖区因其世仇械斗以及较高犯罪率而闻名，而这两者都被视为对东县社会政治稳定的重大威胁。[②] 因此，东县县委、县政府在 2005 年的一份文件中明确提出："湖区边区的稳定工作，不但是东县稳定工作的重点，同时也影响着全市乃至全省稳定工作的大局。湖区稳则全县稳。边区安则全县安。"[③]

苇湖湖产纠纷所引致的不稳定问题，其复杂性和症结主要在于毗邻苇湖的各县市都长期参与对苇湖自然资源及其出产的争夺；并且当矛盾冲突发生时，不同地方政府都倾向于保护他们辖区内居民的利益，致使问题长期得不到解决。苇湖湖区的各相邻县市之间长期缺乏沟通和协作，亦导致了一个执法真空地带的出现，跨境地区的治安和社会面管控"三不管"成为常态。特别是当出现涉及来自其他邻县民

[①] 某县县委、县政府：《紧紧围绕科学发展观，深入推进湖区边区稳定工作》，档案 4—1，2009 年 12 月，第 1 页。

[②] 档案 3—18，第 1 页。

[③] 某县县委、县政府：《全面加强基层基础工作，全力打造平安湖区边区》，档案 3—6，2005 年 6 月，第 2 页。

众的大规模跨境群体性事件时，单靠东县社会面管控系统便很难有效地缓解社会不满情绪、安抚人群或是解决问题。

因此，为了更有效地维护苇湖湖区的治安和社会政治稳定，东县社会面管控系统的一大日常工作就是建立、维系并且加强与毗邻湖区的各友邻县市社会面管控系统之间的跨境联络与合作。东县党政系统各个层级对此工作均高度重视，从村治保主任到东县最高层的主要负责干部都亲自参与到跨境沟通和协作中去。例如，东县社会面管控系统的干部每年要花费大量时间访问友邻县的党政机关，并经常举行双边或多边的会商和情况通报会议。从 2006 年开始，东县县委每半年都要举行一次县级的社会面管控工作会议；而所有周边的友邻县都会获邀委派代表参加这一会议。东县的主要领导干部也经常到访周边友邻县，同它们签订许多关于在联合执法和社会面管控方面开展协作的谅解备忘录。东县边界地区的乡镇一级政府亦时常接触周边县市的毗邻乡镇，同它们建立不同形式的联合工作力量来提前发现、甄别、调解和解决潜在的跨境社会冲突，或协作处置社会政治不稳定的早期征候。[①] 在东县的官方文件中，这种跨境协作工作被称为"四联"，包括：县级党政机关的"友好"联络、友邻县政府部门之间的"发展"联络、毗邻县市警方之间的"稳定"联络以及不同县市下属的毗邻行政村之间的"团结"联络。以这四种联络工作所组成的以"四联"为基础的跨境沟通、协作和联合工作及应急响应机制，被认为是东县社会面管控工作赖以成功的重要保障之一。[②] 长期以来，东县与湖区毗邻的友邻县市之间建立了互联互访、互通信息、纠纷排查、联防联

[①] 某县政法委：《完善湖区边界稳定机制，全面构建和谐新某县》，档案 3—15，2008 年 9 月，第 3 页。

[②] 档案 3—6，第 2 页。

第六章 预防性管控与基层社会稳定：华东某县的社会面管控工作调查 | **179**

调和主动预防五项工作机制。①

东县政府不同部门还在很多其他领域与友邻县市进行联系和协作，包括基本建设投资、打击犯罪活动，以及旨在防范跨境群体性事件的日常联络及合作机制等。② 东县社会面管控部门和友邻县市相关部门紧密协作，对社情民情进行高密度的日常监控，对犯罪活动坚决执法，力图防止重大跨境社会冲突和群体性事件的发生。例如，苇湖湖田的夏收和秋收一直以来都是导致宗族和村落冲突械斗的重要原因。有鉴于此，东县政府采用一项用于处理此问题的特殊策略，即如果某一湖产收成引起争议，并有导致冲突械斗发生的可能，东县要求自己一方必须将此批收成放弃；东县政府转以现金的形式，对蒙受经济损失的本县民众进行补偿。从某种角度说，这也是地方政府不得不为之的应急之策。③

2008年，东县政府和周边的琶县以及铜县政府通过紧密协作，化解了长远以来三地民众之间因历史遗留问题产生的矛盾。三县政府通过密切沟通和合作，分别和历史械斗受害者家属达成了协议，火化了尚存于停尸房数年的四具受害者尸体，因此消除了足以引发新的集体械斗的一大诱因，得到上级党委、政府的高度赞扬。④ 2006—2008年，东县成功通过与周边各友邻县市合作，认真调解处置了64宗不同种类的跨境纠纷冲突，阻止了14宗跨境民事纠纷演变成刑事犯罪事件，并化解了19宗因跨境矛盾冲突而可能引发的群众集体赴京、

---

① 某县县委、县政府：《认真贯彻落实五项协议，全力维护湖区边区稳定》，档案3—3，2004年12月16日，第3页。

② 档案3—6，第2—3页。

③ 《关于加强联系密切合作共同建立稳定协作机制的协定的实施细则》，档案3—4，签发机关与日期不详，第3页。

④ 某县政法委：《湖区边区稳定工作情况汇报》，档案3—5，2005年12月。

赴省上访告状事件。①

东县与其周边友邻县市的制度化协作大大增强了基层党委、政府在其日常工作中有效调处社会矛盾、防范暴力和群体事件发生的能力。譬如，据一位接受访谈的东县干部回忆，2012年3月，当东县的张家与相邻的琵县的杨家就一个位于风水宝地的墓地之拥有权发生纠纷时，两个家族各自召集了超过200名男性成员，准备进行大规模武装械斗一较高下。当这一重大的社会不稳定征候线索被上报后，东县政府立即通知了毗邻的琵县政府，并建议两县共同处置这一情况。两县的警方迅速组成了一支联合工作队来阻止张杨两家聚集的人马参与武装械斗。最后，在两县政府的联合督办下，两个家族就墓地归属权问题达成协议，武装械斗的计划也相应终止。② 这次预防跨境社会矛盾冲突和防范大型武装械斗处置工作的成功，获得了上级党政机关的高度赞扬。③ 事实上，相关党政部门认为这类基层的跨境协作，是东县社会政治社会面管控工作中最为重要的经验。一份文件总结道：

> 在一些不稳定苗头出现时，首先由最基层开始协调，通过村与村之间、乡镇与乡镇之间互相沟通、达成谅解，协商解决矛盾纠纷，同时利用亲缘、亲情关系和民间交往优势把矛盾化解在基层，使双方群众和平共处，共同发展。④

---

① 《强化五联措施，全力维护苇湖边界地区和谐稳定》，档案3—11，签发机关与日期不详，第7页。
② 与某县县委负责干部的座谈，2012年7月。
③ 《2005年各级领导的批示》，档案4—4，签发机关与日期不详，第12页。
④ 档案3—3，第3页。

第六章　预防性管控与基层社会稳定：华东某县的社会面管控工作调查

排查社会矛盾

如果说制度化的跨境协作工作机制为东县的社会面管控工作提供了制度基础，那么"排查社会矛盾"则构成了该县社会面管控系统日常预防式社会面管控工作的主体部分。排查社会矛盾是指在足以威胁社会政治稳定的潜在因素发展成可见的群体事件之前，通过社会面管控系统的基础性惯常工作先行识别、干预并消除这些不稳定因素。因此，排查社会矛盾工作对于保障基层政治社会稳定来讲具有十分重要的作用。事实上，排查社会矛盾在东县早已成为基层党委和政府需要保证的日常预防式工作的有机组成部分，而该县社会面管控部门亦在这一方面投放了相当多资源与人力。[1]

社会矛盾排查工作由东县各级维稳办负责进行。一位乡党委副书记在访谈中曾这样描述该项工作的运作模式：

> 问：日常工作中的矛盾排查如何进行呢？
> 答：整个的排查呢，我们是定期进行。这样是村里每周一排查，然后呢，乡镇一级是半月一排查。村里排查的情况要随时报我们乡镇政府。这个问题都是采取明确的责任分工制。对于排查的情况我们也会随时进行分析研判。我们也对矛盾进行排查登记……每个乡镇都会有个专门的副书记负责这一块。[2]

---

[1] 某市政法委：《我市召开某某边界某某地区稳定工作调度会》，档案3—22，2006年4月26日，第3页。

[2] 与某乡镇党委副书记的座谈，2012年7月。

在村一级，社会矛盾排查工作由村党支部书记或治保调解主任负责，村党支部、村委会进行各种形式的情况搜集和研判，例如实地调查、信息分析、家访以及约谈相关人士等。各种有关不稳定征候的信息线索一旦被发现，在行政阶层内可得到快速有效的传递：一般而言，当潜在不稳定征候被基层干部发现、识别和报告后，县维稳办和其下属的工作部门在早期就会立即介入。如果该项不稳定征候关乎村庄之间甚至是涉及毗邻县市的跨境纠纷，事件会被直接上报至东县县委分管常委以上的主要领导干部并由他们亲自督办，这就是所谓的越级信息报告制度。除此之外，维稳办也在全县范围内聘请了500多名普通村民担任全职或兼职的"信息员"。这些信息员平时要密切关注本社区的矛盾冲突和纠纷状况，如果一旦发现有不稳定征候，要直接向县级维稳办报告，而无须经过任何下级的官僚程序。乡党委副书记介绍说：

> 每个村都有信息员，信息员由治保调解主任提名。有什么信息及时汇报，根据事件的严重程度和影响大小，安排相应的领导靠上去进行处理。信息员很重要，有些问题上报得及时的话，可以把问题处理在萌芽状态。一旦有征兆了，领导立刻靠上处理，防止事态激化。[①]

多年来，东县社会面管控工作系统创建了一个可靠的信息收集、识别和报告网络。这一网络能够在"纵向达至最基层，横向达至最远乡镇"，使得基层党委、政府具有扎实可靠的信息基础来"按清晰的

[①] 与某乡镇党委副书记的座谈，2012年7月。

第六章　预防性管控与基层社会稳定：华东某县的社会面管控工作调查

目标和准确方式执行社会面管控工作"。①

由于苇湖湖区的跨境纠纷械斗是东县社会政治不稳定的一个主要来源，社会矛盾排查机制也自然包括一些由东县乡镇及沿湖周边友邻县市所属的乡镇代表组成的"联合排查调处小组"，他们的职责是在乡镇一级协作识别并消除跨越县域的严重社会政治不稳定征候。东县县委在文件中曾表扬说，"沿湖乡镇（街道）与接边乡镇（街道）普遍建立了矛盾纠纷联合排查调处小组，一旦发生问题及时与双方进行沟通，确保在最短时间内控制住矛盾纠纷"②。

此外，中国共产党传统上用以处理民众请愿投诉的信访制度，也成为另一个能够被用于排查社会矛盾和早期不稳定征候的重要制度化工具。关于这一制度，一位镇党委书记曾作出以下评论：

> 稳定肯定现在是最重要的政治任务……各村、单位主要领导作为信访工作第一责任人，牵头抓总，严格实行领导责任制，一级抓一级，确保不能发生越级上访，杜绝非正常上访和大规模集体上访行为的发生。对各类信访问题进行拉网式大排查，特别是对镇信访办受理尚未结案的信访案件进行排查，主动同信访人取得联系，切实做到底子清、情况明。对可能出现的越级上访安排专人去做工作，确保把问题解决在当地。能够在短时间内解决的要立即解决；一时难以解决的，要作出时间安排，并向当事人作出解释说明。还有就是要加强值班，确保镇村两级实行24小时值班，密切关注信访动态，及时掌握信访信息，遇有紧急、重要

---

① 档案3—6，第4页。
② 某某县委、县政府：《湖区边区稳定工作情况汇报》，档案3—16，2008年11月，第3—4页。

事项的信息要随时发现、随时处理。①

为了促进对社会矛盾（特别是社会政治不稳定征候）的排查，东县维稳办整理出六类最可能导致群体性事件的社会矛盾，并规定各级党政干部在工作中都需要对这六类"易发纠纷的苗头"予以格外紧密的关注。这六类"苗头"包括：农忙收种季节易发期类、有影响忌日敏感期类、湖内资源纠纷不定期类、经济交易纠纷突发期类、婚姻矛盾类、邻里纠纷类。县维稳办针对以上每类潜在纠纷苗头的早期识别、调解、管控工作制订了详细的工作计划；此外，若这些潜在社会矛盾最终转化成为群体性事件，维稳办也制定有相应的处置预案。显而易见，东县社会面管控系统排查社会矛盾的工作机制是一个具有高度协调能力、有系统性的先制预防式工作机制，旨在早期发现、研判、干预和消除任何可能威胁县内社会政治秩序稳定的征候。正如东县县委、县政府在2009年的一份文件中所要求的那样：

> 主动排查不稳定因素，充分发挥基层派出所、司法、信访等部门的作用，密切注视有可能发生的不稳定因素。发挥村级党组织的作用，高度关注涉及（边界）双边群众的生产生活情况，及早获取一些倾向性、苗头性问题的信息。同时，做好处置预案，一旦发生突发性事件或矛盾纠纷，确保及早着手，迅速处理，掌握主动。②

---

① 与某乡镇党委书记的座谈，2012年7月。
② 某县县委、县政府：《某县稳定工作情况汇报》，档案1—5，2009年4月1日，第6页。

第六章 预防性管控与基层社会稳定：华东某县的社会面管控工作调查 185

调处社会矛盾

东县社会面管控机制的另一项日常工作被称为"调处社会矛盾社会矛盾"，目的是排除任何可能导致群体性事件、政治不稳定或是社会骚乱的矛盾、冲突或纠纷。东县县委对于调处社会矛盾工作作出了明确要求：

> 主动化解矛盾纠纷，把矛盾纠纷的排查调处作为一项重要的举措，使每起矛盾纠纷都能妥善化解在基层，消灭在萌芽状态。矛盾纠纷一旦发生，本着宜解不宜结的原则，从大局、全域出发，予以妥善解决。[1]

为做好调处社会矛盾工作，东县维稳办在基层重新设立了人民调解委员会，并指派具社会影响力的党员干部担任"主任调解员"。人民调解委员会下辖八个信访调解组，负责在乡镇一级调解处理民事纠纷。当农村社区内出现较有可能导致较大规模群体性事件的纠纷争议时，县社会面管控系统直接指派干部去协助基层政府调解矛盾。东县所在地级市因此推行民警兼任村官、民警联系村庄居民的制度。各县市总共委派了3360名民警担任村党支部副书记或者"平安包保责任人"。县委要求这些下派到基层的党员干部成为"五大员"，即人民群众的"服务员"、矛盾纠纷的"调解员"、社情民意的"信息员"、

---

[1] 某县县委、县政府：《某县稳定工作情况汇报》，档案1—5，2009年4月1日，第6页。

安全防范的"指导员"和社会面管控的"督导员"。① 此外，东县社会面管控系统中的主要日常工作还包括对下辖乡镇每月进行社会矛盾调处巡查，以及早"识别并调处解决社会矛盾"。对于巡查过程中发现的每一项具有潜在社会政治影响的纠纷争议，维稳办都要求将其记录至官方数据库，并指派一名专门干部跟进该事项，与涉及纠纷各方进行沟通调解，并及时向县维稳办报告调解工作的进展。采取这种"一对一"的方式来调解社会矛盾的目的在于"有重点、有目的地预防化解，防止矛盾激化或事态升级扩大，保证接壤地区的社会稳定"②。

此外，为了更好地调处社会矛盾，东县的所有县级干部都按要求在信访局轮流定期接待上访群众，以直接而有效的方式安抚上访群众的怨气，及解决他们的问题。政府还为此成立了一项称为"积案化解基金"的专项基金来化解那些最难处理、迁延日久的老大难矛盾纠纷。积案化解基金中20%的资金由中央政府预算提供，其余则是来自地方政府的土地收入。积案化解基金往往在化解社会矛盾的关键时刻为政府方面得以与上访者达成妥协提供所必需的财政资源。③ 必须指出，在实际工作中，东县地方干部并不倾向于随意使用这笔财政资金来"花钱买稳定"。一名派出所所长在接受访谈时谈道：

> 有些地方希望"花钱买平安"，多少满足了一些人的要求；

---

① 与某市纪委综合处处长的座谈，2012 年 6 月。
② 档案 3—21，第 8 页。关于派遣县级干部到重点村，参见档案 3—6，第 4 页；以及与某市政法委综合治理办公室副主任的座谈，2012 年 7 月。
③ 与某县信访局局长、县人民群众来访服务中心副主任、县委督察办主任、县政法委办公室主任的集体座谈，2012 年 7 月。

第六章 预防性管控与基层社会稳定：华东某县的社会面管控工作调查 | **187**

但这反而助长了这种歪风邪气，"会哭的孩子有奶吃"，造成了恶性循环。政府在一方面立场更坚定一些，如果是老百姓有理的，就要给老百姓解决问题，同时处理不作为的干部；如果是老百姓无理取闹的，那就要依法予以追究。①

在东县，积案化解基金被认为是化解和处置社会矛盾的最后手段，一般仅限于处理那些日久年深、无从判别是非曲直的历史遗留纠纷，鲜有动用的时候。"花钱买稳定"的做法在东县的社会面管控工作中不是常态。②

东县及其上级党委、政府设置了一套严格的问责制度，用来评定党政负责干部在排查、调处和化解基层社会矛盾冲突工作中的表现和成绩。一般而言，党委、政府对社会矛盾调处的总要求是六个字，即"案结、事了、人服"。如果社会冲突调处化解不成功，而矛盾升级成为足以威胁基层政治和社会基本秩序稳定的集体行动、骚乱甚至局部暴乱，主要负责领导和分管领导都要面临严肃的党纪处理，负责党政机关在相当一段时期内也将被取消评奖评先或是获得组织荣誉的资格。③

突发事件处置

跨境协作、矛盾排查和矛盾调处都是东县社会面管控系统日常进行的基础性工作，往往不为群众所见。与之相比，社会面管控日常工作中最可见的部分是处理潜在或突发的群体性事件。尽管东县长年以

---

① 与某镇派出所所长的座谈，2012年7月。
② 同上。
③ 与某市政法委综合治理办公室副主任的座谈，2012年7月。

来在社会面管控、社会矛盾协调与化解方面做了大量工作，但在不同的主客观条件下，各式各样的社会矛盾冲突仍有可能在短时间内迅速升级和激化，有时更会引致街头集体行动或是其他形式的公开对抗事件，从而对基层社会政治秩序的稳定构成威胁。在这些关键时刻，县委、县政府要求社会面管控系统必须立刻到达社会冲突现场开展处置工作。社会面管控系统的主要负责干部必须有效控制人潮、迅速执行相应预案，并且在最短的时间内恢复社会秩序。即使在突发事件的现场处置工作中，社会面管控的最终目的仍然是先制性和预防式的，即通过相关工作，尽量迅速在群体性事件萌发阶段有效化解矛盾纠纷，防范已经或者即将爆发的群体性行动进一步升级成为足以吸引媒体关注、对社会政治秩序可能造成重大破坏的大规模社会抗议行动或骚乱。

现场处置群体性事件是地方公安部门日常训练的重要部分；然而，实地调查研究显示，东县社会面管控系统历来都严格要求当地警方用专业方式处理群体性事件，并尽可能减少和降低使用国家强制力量处置突发事件的频次和强度。当维稳办从基层信息员或其他渠道知悉一场群体性事件即将爆发，维稳办一方面会将这一情况通报当地警方做好处置准备，另一方面则开始与乡镇及村干部一同调查矛盾纠纷的起因、可能参与人数、牵头组织人员、活动路线等。有关调查的结果被立即上报给负责社会面管控工作的县委常委，也会向警方进行通告。一位派出所所长在接受访谈时指出，"一般来说，公安机关不会抓捕和提前采取硬性的措施，毕竟事情还没有发生，要依靠政府的力量做工作"[1]。因为如果警方在集体行动尚处于早期（也是非常情绪化的阶段）就作出强烈反应，可能只会对事态"火上浇油"。在这时期，一方面警方开始监控潜在的集体行动参与者以

---

[1] 与某镇派出所所长的座谈，2012年7月。

第六章 预防性管控与基层社会稳定：华东某县的社会面管控工作调查

及维持基本治安秩序，另一方面党委、政府的社会面管控系统亦开始与村级以及乡镇政府进行密切协作，与集体行动牵头组织人进行直接对话、商讨以及谈判。由社会面管控系统主持进行的这类说服和化解工作可能一直持续到人群走上街头之前的那一刻才结束。①

当公开抗议行动或是其他形式的群体性事件发生后，说服化解工作迅即与现场处置工作结合起来进行。身处现场的党政和公安官员的决策思路大致相同，包括：尽快解散集体行动参与者、防范集体行动规模和影响进一步扩大，并且在不大规模动用警力和不吸引媒体注意的前提下，尽快令事件得以平息。警方在这种情况下的行动往往特别强调有效处置但又保持克制。一位基层负责警官谈道：

> （一旦群体性事件爆发），我们就要第一时间赶到现场；如果人数众多，我们还要向上级打报告调集警力。公安部要求我们要慎用武力，所以我们主要还是去维持一下秩序，并且做劝说工作。只要群众没有围攻政府官员、打砸抢烧政府机关，我们不会介入……（化解群体性事件主要还是依靠群众工作）。现在各级领导都非常重视稳定工作，经常去信访部门接访，去农村走访，愿意倾听群众的诉求，为人民群众办实事，解决实际的困难。②

一位当地负责干部在访谈中更生动地解释了这一原则：

> 群体性事件的处置现在是公安部门高度重视的一个课题……发生群体性事件后，地方政府都是把公安推到第一线，没有公

---

① 与某镇派出所所长的座谈，2012年7月。
② 与某镇派出所所长的座谈，2012年7月。

安，政府是拿群众一点办法也没有。群众往往把不满情绪都发泄到公安的身上。有些公安自身素质也不行，和群众对骂对打，最后激化矛盾。所以，公安部要求慎用警力，但这个在实际中更加加大了我们工作的难度……有些地方的公安害怕激化矛盾，不敢采取行动，对老百姓一味迁就、让步，不敢行使法律赋予的权力，结果导致事态失控扩大……还有一些地方的公安不分青红皂白，对参与群体性事件的群众采取强硬措施，试图压服群众，结果反而使矛盾激化。我认为，最关键的是公安在现场明确一个界限，也就是说，让这些事件参与者认识到，哪些是他们可以做的，哪些是不可以做的；一旦碰线，公安就要坚决予以打击。[①]

在21世纪的今天，如何有效适度地处理街头政治是对发展中世界不同政权的国家能力的综合考验。对东县社会面管控系统日常工作的深入观察显示，即使在最为极端的时刻，比起选择暴力社会面管控的方式来说，中国地方政府对于先制性社会面管控和预防性管控依旧有着强烈的偏好。故此，当突发事件爆发时，部署有限的、必要的警力自然是整个处置和化解工作的基础之一；但基层党委、政府仍然强调做好群众工作在化解社会矛盾、维护政治社会稳定工作中的重要地位。通过深入、细致和耐心的群众工作，及时发现、适时干预矛盾冲突的源头，以说服、谈判的方式与群众商量，力图将冲突事件化解在爆发之先或者控制在萌发阶段，是基层党委、政府社会面管控工作的另一个基础性的组成部分。

[①] 与某市纪委综合处处长的座谈，2012年7月。

第六章　预防性管控与基层社会稳定：华东某县的社会面管控工作调查 | 191

◇ 结　语

如欲理解中国政权为何在复杂的国内外环境中得以保持巩固的基层政治社会秩序，我们就需要在中国语境下理解基层党委、政府的很多具有中国特色的工作制度。透过深入观察和分析基层政府社会面管控系统这一重要工作机制，了解社会面管控系统如何监控社会矛盾、开展跨界协作、排查社会矛盾、调解冲突纠纷以及处置突发事件，我们得以检视国家日常进行社会面管控的方式，理解为何中国的社会政治基本稳定能够得到保障和维护。在本章中，笔者以东县社会面管控系统为例，凸显出中国基层政府所构建的一整套联系紧密、重视先制性和预防性的社会面管控机制，它构成了基层政权用以维护国家基本政治秩序安全工作机制的重要组成部分。

这些先制性和预防式的社会面管控工作机制帮助基层党委和政府准确了解社情、及时排查调处各类足以威胁社会政治稳定的潜在破坏因素，并确保基层社会的总体秩序不因矛盾冲突激化或爆发而遭到破坏。这一制度具有独有的中国特色：它依靠基层组织、依靠群众路线，讲求群防群治，强调将矛盾化解在萌发阶段，注重说服劝导、谨慎使用警力，具有强烈的风险意识，将社会面管控的工作落实到党委、政府日常的细致、深入的群众工作中去。这些特色都是中国政治体制所独有的制度优势。

从东县的例子可以看出，中国基层的社会面管控系统具有三项显著特征。第一，东县的社会面管控工作系统已经超越了一般意义上的

"执法"或是"强力"机关的概念；因为它是一个更具综合性、协调性，融合了思想工作、群众工作、基层组织、宣传工作、青年工作和社会工作的工作网络，并因跨部门以及跨区域协作而具备较高的效率和执行力。中国基层党委、政府维护社会政治稳定的工作机制经规范化、日常化和行政化，较为系统地整合进基层政权的日常运作和基层政府的日常工作中，社会面管控的工作已经和其他方面的政府工作融为有机整体。

第二，中国基层社会面管控系统强调先制性和预防性。就东县而言，尽管拥有相当程度的国家强制力量和暴力机器，但该县社会面管控系统显然更有意地聚焦于日常的预防性工作，以细致的社会面工作防范社会矛盾冲突等不稳定因素发展为威胁社会政治稳定的群体性事件。因此，社会面管控系统的工作强调"提前量"，工作要开展在矛盾激化之前；即便群体性事件已经发生，社会面管控工作仍强调说服、劝导，维护基本秩序，慎用警力，力图将突发事件的影响控制在最小范围和最低程度。

第三，东县社会面管控系统的日常工作体现了中国政治体制不同层级在维护社会政治稳定工作中的制度化分工。处于更高层级的党政机关会更关注政治异见、颠覆活动以及邪教活动等政治性程度较高的威胁；而处于政治体制较低层级的东县社会面管控系统，则集中精力排查、识别以及调处那些在居民日常社会经济生活中出现的纠纷、矛盾和冲突，防止其扩大化、暴力化和政治化。正因为如此，东县的社会面管控工作尤其重视发扬群众工作的优势，强调和基层社会的互动，这在一定程度上使得维护社会政治稳定这项政治性极高的工作变得更平易近人，也更易于融入日常政府运作中。总而言之，从东县的实际看来，通过深入、细致和积极稳妥的社会面管控工作，中国基层党委和政府实现了与社会之间的有效、在地和日常的接触和互动,这极大地帮助了政权巩固其社会政治基础的耐久性,最终实现政体与社会的高度共融。

结　语

立足田野的"中国故事"

本书所包括的观察与思考，来自于笔者自 2005 年以来十余年时间在中国城乡基层所进行的田野调查研究。在进行这些田野工作的过程中，笔者力求做到客观、平衡、周到、细致，但实际效果究竟如何，还有待读者朋友们在阅读后作出评判和教正。

就当代中国研究而言，对中国国家机器——特别是国家政权运作——的了解和探讨，向来既是重点，又是难点。显然，要研究当代中国的政治，若不理解国家机器运行的逻辑和秩序，只会是空中楼阁、雾里看花。但了解中国的政府机构又尤其困难。对于中外学者来说，能够进入这一研究的场域固然已不易；但即便得到"入场券"，要能够用"在地"的眼光、整体的文化背景和足够的知识储备来准确观察中国基层政治舞台上的一幕幕实景剧，是比实现自然科学尖端研究还要难得多的宏大工程。这里，学术研究既需要研究者本身对于既有的中外社会科学理论脉络有深入而清晰的了解（即"理论化"），更需要对基层的政治实践有具体而微的体验（即"接地气"）。任何一方面的缺失都会造成在理论构建和实证研究之间的失衡。一定要向读者讲述立足于田野的"中国故事"：这也是笔者在过往十余年间的田野调查研究中不断提醒和警醒自己的要点。

就西方的当代中国研究而言，在"理论化"和"接地气"之间取得最优平衡其实并不容易。从历史上看，西方中华人民共和国研究的理论发展迄今大概有半个多世纪。根据哈佛大学教授裴宜理的划分，从 20 世纪 60 年代初期发轫的西方当代中国研究迄今为止约经过了三代主流理论范式的更替。60 年代的第一代中国研究理论基本上套用了东欧苏联研究所使用的全能主义模型，倾向于用一个无所不能、无所不在的新政权来解释 1949 年之后中国的政治、经济、社会和文化等多方面所发生的深刻变化。大约从 20 世纪 60 年代中期开始，受西方（特别是美国）社会科学行为主义革命的影响，这个僵硬的模型逐渐被更有活力的所谓"多元利益模型"所取代。多元利益模型认为 1949 年后的中国社会政治活力的源头不是一个庞大而全能的新政权，而是新中国丰富多元的组成部分——从不同社会群体到不同的地理区域——在国家这一场域中的竞争和互动关系。因此要了解新中国的变化，唯有从研究和理解这些互动关系的发展演变入手才能得窥门径。从 80 年代开始，西方中国研究学者才逐渐用新的、深受欧洲学派影响的"国家与社会关系模型"来取代旧有的研究范式。在这里，国家和社会被划分成对立的两极——而前者对后者的控制和后者对前者的抗争被认为是政治和社会动力的主要来源。裴宜理也曾对这种把复杂的中国实际用如此简单化的国家社会二分法理论模型加以描述和解释的做法给予深刻的批评。

不难看出，半个多世纪来西方的中国研究所发展的理论范式具有三方面的主要特征。第一，西方理论范式具有其独特的目的性。西方的远东研究肇端于欧洲的"博物学"和"人类学"，主要目的是帮助位于"中心地带"的欧洲社会了解那些在世界边远地区的"他者"和"异族文化"。后来，随着冷战的兴起，西方的区域研究（包括当代中国研究）则服务于美国政府与东方社会主义国家集团进行政治、经济、文化和军事对抗的主要目的,实际上第一批当代中国研究也正是受益于美国国防、外交和情报部门的资助。这些独特的服务西方利益的目的性也塑造了西方中国学从诞生之日起就具有的一些基本轮廓。

第二,西方理论范式具有很强的"代入性",也就是说学者们常常是将西方社会科学研究的既有套路生搬硬套到中国的场景中。与此相联系的是跟风赶时髦的特征,也就是西方主流社会科学流行什么,中国研究领域就追赶什么,成为彻彻底底的既有理论的"消费者";而真正扎根于中国、研究真正的中国问题的作品少之又少。这样的理论发展的成果是否能够准确或相对准确地反映中国的现实是值得怀疑的。

第三,西方中国研究的理论发展一直带有摆脱不掉的"离地感"。尽管西方中国学界也产生了像费正清、裴宜理、孔飞力、马若德、周锡瑞等一大批既深谙中国历史现实,又精于社会科学理论的世界级顶尖学者;但不可否认的是,由于对中国语言、文化、社会和历史传统的隔膜,以及进入田野工作的困难,造成了另外一些西方中国研究学者的理论想象和中国的政治社会现实之间存在着不可逾越的差距甚至鸿沟。

可惜的是,作为中国学者,我们在向西方虚心学习的过程中往往并没有意识到国外中国研究的这些短板,时而还会陷入"盲目崇洋""妄自菲薄"甚至"学术殖民主义"的泥沼。从20世纪80年代改革开放初期始,为了改变当时社会科学界眼界不够开阔、思想相对僵化的问题,中国学术界对于国外学术成果引进、介绍较多,丰富了哲学社会科学研究的视野。但是,在向国外中国研究学界取经的同时,我们往往在不自觉间失掉了学术自主的意识,盲目跟随西方学界的风向标，甚至有意无意自甘为西方学术的附庸和"殖民地"。虽然身处中国的土地上，我们却难得放下身段、走进中国的田野，发现和解释中国的"真"问题，而是盲目跟随"西风"，一味追求学术上的时髦，在"洋理论"和"接地气"之间发生了失衡、失稳，学术研究亦因之而失去了厚实的基础，平庸化自然就无可避免。特别是随着赴美国留学大潮的兴起，一些年轻学者接受西方的社会科学学术训练，却很少反思这些学术范式对研究中国问题的适应性，不考虑这些理论框架"接不接地气""合不合实际"，不假思索、拿来就用，自然离地万里。结果就是分析工具越来越炫目、概念设定越来越"洋气"，但却提不出什么有意义的理论观点；学术研究也就成了纯粹地比拼论文技巧，学术成果的评价也变作依靠由西方商业机构算出来的那几个毫无实际意义的数字，而不是对知识的真正贡献和价值。

当然，国外学术界生存的"刚性需要"以及国内某些学术评价机制一味考虑与国际"接轨"的现状，也造成不少接受了"洋理论"训练又在海外工作或学习的年轻学者被迫要在学术生产过程中不断取悦西方的学术界主流，以求获得认可、维持自身生计。当西方中国学界大谈市民社会，他们也跟随谈论社会对国家的抗争；当西方中国学界搞定量计算，他们也只能随之起舞，弄出一个又一个读过即忘、完全不具解释力的数学模型；当西方中国学界时兴实验和大数据分析，他们也亟亟然号称要搞社会科学试验和大数据。这里的跟风是两重的。首先西方中国研究学界本身就长期有对美国主流政治学范式的不断跟风的痼习，久为资深学者所批评；而我们又跟美国中国研究学界的风，结果如何，可想而知。所谓，"取法其中，斯而下矣"正此之谓也。若不加以遏制，如此"二道贩子"式的跟风对中国问题研究整体学术水平的伤害是长期的和根本性的。这些盲目跟风之作，最大的危害在于树立其错误的学术标杆。实际上，当代中国研究与美国和发达国家研究相比，具有其特殊性。完全拿研究美国政治和社会的一套方法、概念来探讨中国的实际问题绝非我国学者学术道路的最优选择。

就讲述立足田野的"中国故事"而言，笔者认为坚持中国化、自主性、在地性和实践性是四个关键之所在。坚持中国化，就是要在学术交流和向外学习的过程中具有主体意识，坚持"以我为主"的原则，以西方理论发展中确有价值的部分来开阔我们的视野，丰富我们自己对中国问题的研究和认知，以及促进相应的理论构建工作。坚持中国化就要把学术研究根植于中国的广阔田野中，讲"中国故事"，有中国关怀，用中国的素材发掘中国的议题，而不在向西方学习的过程中自我迷失。坚持自主性，就是要作出有中国气派的学术，要有信心走出最适合中国研究的道路，而不是一味跟随西方学术界的指挥棒和评判标准。坚持在地性，就是要避免空中楼阁、闭门造车，要从丰富的实践出发，深入中国社会的内里，掌握住中国发展的真正脉搏，而不是用"洋概念""洋方法"简单包装。坚持实践性，就是要避免"空对空导弹"式的学术，要研究对中国实践真正有意义的问题，实现学术研究和社会现实的和谐统一，让学术研究生产出有益于认识当代中国的"真知"和"新知"，而不是为了迎合西方的概念和范式而套用概念、扭曲现实甚至生造议题。只有在坚持学术研究的主体性、自主性、在地性和实践性方面做好了，中国研究才能避免方法论、本体论和认识论上的误区，真正成为符合中国实际、有真正意义的学科门类。

这本书是笔者学术生涯第一个十年的总结，也是对以上这些关于当代中国研究发展方向不成熟想法的一次不很成功的实验；但笔者坚信，只要中国学者在研究工作中都能始终坚持中国化、自主性、在地性和实践性这四个关键点，同心协力，一以贯之，我们的目标就一定能够达到。在 21 世纪的今天，我们应当有这个信心。

附　录

杂论四则

2009—2013年，笔者应《南方日报》的邀请，为该报撰写了一系列政论短文。期间，也受邀为《财经》杂志写过一篇短评。这里选编的是其中的四篇。第一篇短评讨论的是现代政府如何提高执行力的问题。第二篇短评讨论的是建设责任政府问题。第三篇短评提出要延续过往二三十年间的中国经济奇迹，有必要加快劳动用工的改革。第四篇短评是在电影《南京！南京！》上映后，有感而发写就的一篇关于当代青年应当如何面对中日关系中历史问题的思考。

◇ 提高政府执行力四策

经济快速成长中的国家和地区，如何加强和巩固政府治理，实现改革、发展和稳定的协调统一，是世界各主要国家都曾面对的重要课题，也是今天发展中世界所面临的共同挑战。近年来，通过对发展中国家政府体制的比较研究，国际学术界逐渐认识到，高速发展中的国家和地区要实现长期的繁荣和稳定，关键点不在于政府的形式如何，而在于政府的执行能力如何。政府执行能力强，则和谐发展、稳定发展成为可能；政府执行能力弱，则改革、发展和稳定的宏观和微观条件都难以得到保证,社会经济的繁荣稳定只会成为镜花水月。

政府执行能力,主要体现在政府作为社会和资源的管理者,在维护社会秩序、分配公共资源、推进经济建设以及调处社会争端过程中,依照法定规则和程序进行处理的力度、效率和结果。政府执行能力的高低体现在政府行为是否符合既定的程序与规则、处理过程是否及时有效,以及处理结果在多大程度上符合法律法规和政治决策者的预期。一个具有较高执行能力的政府,其行为必然是规范、有效和可预期的;而一个执行力弱的政府,则会表现出政府行为应对迟缓、缺乏效率、程序不一、过程不透明以及处理结果随意等特征。在某些发展中国家和地区,政府执行力低下,还可能引起民众自我执法以及有组织规避政府监管等情况,甚至出现取代合法政府的强有力的地下权力中心,严重影响社会政治的稳定。

从批准一份营业执照申请到完成一次对环境卫生违法行为的行政处罚,现代政府工作千头万绪,政府的执行能力也正是体现在这所有的具体行政过程之中。然而,提高政府的执行能力,不仅仅是对各种具体行政审批程序的调整和改善,还涉及整个政府体系的优化和提高,是一个系统性和全面性的工程。

提高政府的执行能力,首先要求建立现代化的政府工作理念。20世纪人类政治社会的最大进步,就是实现了传统的"精英型政府"到现代的"大众型政府"这个根本意义上的观念转换。现代政府的合法性、认受度、负责性和执行能力都体现在政府能否向民众提供高品质的公共服务、对民众诉求能否高效率回应,以及对于社会不满情绪能否及时妥善地处理和化解。现代政府的执行能力的评价也是建立在各种形式的民意基础之上。因而,要提高政府的执行能力,首先要求建设现代化的政府工作理念,其内核就是"服务观念""程序观念"和

"透明观念"的有机统一。服务观念，即树立一切政府行为都是旨在为民众提供公共服务，从而维护公共秩序和社会公平这一观念。程序观念，就是要树立一切政府审批、政府行为都必须按照向社会公开的程序进行这一观念——因为程序保障公平。透明观念，就是要树立一切政府行为过程都要对当事人保持政策法律法规许可范围内知情权的观念，切实保障公共管理行为的透明性。牢固树立服务、程序和透明这三大观念，是建设一个现代化、高执行力政府的必备条件。

提高政府的执行能力，关键在于建立简洁高效、决策统一、权责明晰的政府指挥体系。一个简洁、明晰、有效的指挥系统是现代政府的灵魂。指挥系统的状况决定了政府决策能不能迅速传播、执行反应能否高效以及处理结果是否公平。"世界是平的"，而一个有力的政府指挥体系同样必须层级简化、尽可能"扁平化"，以缩短情况由下至上和决策由上至下的传递距离，减少信息失真。有力的政府指挥体系还必须有统一和集中的决策核心，防止政出多头。决策的过程既要集思广益，又要责任分明，做到令出一门、令行禁止。权责明晰即是要在政府行政过程中要有清晰的责任界定，参与决策、执行和监督的所有人员都能够各司其职、各负其责。符合层级简洁、决策统一和权责明晰这三个原则的政府体系，必然是执行力强大的政府指挥体系。

提高政府的执行能力，更要求资源配置上对政府的执行部门给予强有力的保障。政府执行能力的提高，要求政府决策核心在人力、财力和物力等资源的分配和保障上，给执行部门以更多的倾斜。在发展中国家和地区，由于资源有限、政策制定成本高等因素，往往在政府财政资源的分配上向政府内部的决策部门倾斜多，而直接面对民众、直接提供公共服务、直接发挥政府执行力的部门资源不足。资源不足也直接导致很多政府部门重审批、轻管理、轻服务，最终影响的是政府执行力的实现。要建设执行力强大的政府体系，就要着力提高政府执行部门的地位、增加资源配置、转变工作重心。提高政府的执行能力，还必须投入资源加强对公务员队伍执行能力的培养和训练。任何强有力的政府执行系统，最终还是要依靠一支高素质的公务员队伍来实现。而公务员队伍的执行能力的养成，需要长期的资源投入，并采取措施真正把这些培训落到实处。

提高政府的执行能力，还必须切实加强对政府执行过程的各种形式的监督。建设具有高度执行力的政府，还必然需要一个与之相适应的监督网络，从各个向度对政府行政行为的效能进行监督。这既包括政府内部不同层级间的垂直监督考核，也包括政府不同部门之间的互相监督。但建设高执行力的政府更需要重视社会、民意和舆论的监督——特别是利用现代信息技术，缩短政府与民众的距离，迅速及时地确定社会关注的热点并作出反应，并正确面对舆论监督。把政府行政行为置于社会舆论和民意的关注之下，才能真正提高政府行为的透明度，真正做到以民为本、以务实高效为原则进行政府行政，切实提高政府的执行能力。

加强和提高政府的行政执行能力的建设，是20世纪世界各发展中国家地区总结经验教训后的普遍共识，也是广东省在新的历史时期改革、发展所形成的宝贵经验。事实证明，哪个地区的政府行政执行力高，那个地区的经济发展就快、社会政治就稳、人民满意度就高、和谐发展和科学发展就能够扎扎实实得以推进；相反，在政府执行能力薄弱，行政行为低效率、不透明、不公开的地区，经济社会各项发展就相对落后。建设具有高度执行力的、以发展为导向的现代型政府体制，是改革开放时代对政府自身建设的必然要求，也是在新的历史时期保证经济社会又快又好发展的重要保证，值得引起高度重视。

◇ 建设责任政府

十一届三中全会以来的中国改革，实际上是个双管齐下的过程：一个较明显和引起较大关注的过程，自然是通过经济改革，把原有的计划体制转换成充满活力的开放型市场体制；另一个不那么引人注目但却同等重要的过程，则是把原有的集权治理模式，转换为更适应现代社会、市场经济和全球化需要的现代政府模式。

如果说前一个过程的目的是发展，后一个过程的目的则是"善治"。这两个过程发生在不同领域，却有不少重要的共同特征，如均从基层起步、重视创新和突破，以及以"摸着石头过河"著称的不断试错及大胆探索。因此对于后一过程而言，在中国各地所进行的基层政府改革实验就显得尤为重要。

过去 30 年，中国改革本身就是在不同地方转型模式的相互砥砺和竞争中萌发的。但无论从村级选举到村民代表会还是从政务公开到民主恳谈，犹如万花筒般的林林总总的地方政府改革，实际上都旨在解决同一个问题，即政府的负责性问题。如果说政府的"赋权"解决权力来源问题，而负责性则解决治理的效率问题。负责性是现代政府治理的关键钥匙。

负责性体现的是政府对社会期望的反应程度以及对治理效果所承担的责任。政府的负责性就像一座桥梁，确立的是现代政府与社会之间的紧密联系。政府要按社会的期望制定治理目标，并根据治理的绩效接受社会问责。从根本意义上讲，负责性的建立是现代政府之所以提供高品质治理的源泉所在。过去 30 年，中国基层政府的改革试验就是在中国特有的国情、社情和制度背景下，探索以不同形式来增强政府的负责性。无论这些实验本身是成功还是失败，它们对未来中国的治理方式转型和善治的实现都是有益的。例如，基层公推直选从社会授权方面提高政府的负责性，民主恳谈则是从提高民众参与度方面增加政府与社会的联系，政务公开和透明通过提高社会的知情程度方面建设政府的负责性。

条条大路通罗马。正如麻省理工学院学者蔡晓莉所发现的那样，选举民主是建设政府负责性的一种方式，但远非"唯一"方式。特别是在中国的特殊国情下，各种地方改革试验实际上为增强政府负责性探索了很多有效的道路。这些不同途径的政府改革表明，更高的政府负责性不仅有利于公共物品的提供、治理品质的提高，更有利于总体政治的稳定和政权的长治久安。"中国梦"最终实现的很大一个制度保障在于中国政府能否为社会提供高品质的治理，从而为每个人的自由发展创造条件。不断大胆探索基层治理模式转型的各种可能性，努力建设高度负责、高度创新和被群众高度信任的政府，是进一步深化改革的题中应有之义。

继续"中国奇迹"必须加快用工改革

经过 30 多年的改革开放和现代化建设，中国加速度的经济成长取得了举世瞩目的辉煌成就，成为全球发展历程中的一个奇迹。目前，随着经济改革的进一步深化和群众收入水平的持续升高，旧有发展模式中蕴含的一些结构性矛盾也开始凸显，引发一些社会问题。能否适当处理和应对这些结构性矛盾，破除各种层面的阻力积极推动科学发展和产业结构升级，实现发展观的根本变革，将直接影响到我国在未来几十年发展的后劲和前景，并直接决定能否在 21 世纪最终实现由邓小平同志提出的"三步走"的战略目标，不可轻忽。

从 20 世纪 70 年代晚期到目前的中国经济发展的巨大成功，依赖的主要因素之一就是中国丰富的人口资源。大量的农村适龄劳动人口在过去 30 年间，从乡村来到城市，以较低的工资收入投身到国际产业链大生产中，他们是"中国奇迹"的建设者，也是构成中国制造产品在全球市场上无与伦比竞争力的核心要素之一。很多西方学者把过去 30 年中国的经济高速增长称作建立在所谓"人口红利"基础上的增长模式——从劳资关系上说即所谓"低工资、低福利、高速度、高增长"的两低两高形态。然而，必须清醒地认识到，这种依靠人口红利的发展道路乃是根植于当年城乡收入水平的暂时鸿沟、使大量农村青年愿意以较低的工资水平加入现代化大生产中。这样，大量实际并无技术内涵的"三来一补"初级加工企业能以极低的工资支出、低廉的管理成本投入到国际竞争中去，并产生可观的比较优势，造就了一个又一个的"神话"和"奇迹"。随着经济、社会的进一步发展，这样的发展道路是不具有可持续性的。

今天，随着改革开放的继续深入，无论是世界，还是中国的经济格局都有了根本性的变化。随着"反哺"政策的逐渐落实，农业生产的报偿率和农村人口的收入水平、福利水平已经有了翻天覆地的可喜变化，城乡收入鸿沟和生活水平差距在逐渐缩小，从农村走出来的年轻人对城市工作的回报的预期也在不断上升中。随着义务教育进一步在农村地区的普及，广大农村地区的"80 后""90 后"年轻人已经受过较完整的教育，他们的想法与思维已经较 20 世纪 80 年代初的第一代"外来民工"有了本质的变化。特别是互联网技术的迅速推广，新一代农民工早已不是当初与世隔绝、从封闭的乡村来到城市的"打工仔""外来妹";相反,他们中的不少人在来到城市之前早已经拥有与外部世界更加紧密的联系,以及现代化的思维方式和生活方式。新一代的农民工逐渐开始把自己看作城市、工厂的一分子,有了更多的融入感,希望凭借自己的辛勤工作成为现代城市的一员,而摒弃第一代民工赚点钱就回乡盖房子的"临时工思想",所以他们对工作场所的不公正的耐受度相应较低、对于待遇福利和社会参与的期望不断上升、对于城市认同感的要求不断加强。更重要的是,未来 10 年间,独生子女一代的到来和人口红利的逐渐消解,将使新的农民工群体赡养老人的负担进一步增大,也使得他们对工作场所薪酬福利的要求会有所提高。

从世界来看,当代经济的发展已经越来越以知识和信息为核心。与改革开放初期不同,目前在全球生产链中,简单、重复劳动生产的价值比重在不断降低。世界上最盈利的公司,不再是依靠人海战术进行初级装配生产的工厂,而是那些有设计能力、创新能力的知识经济公司。今天,是否掌握核心技术、能不能发展创新能力,已成为 21 世纪产业是否成功的基本要求。在 20 年前单靠简单初级加工和低廉人力资源就可以获胜的代工工厂,如果今天不能逐渐掌握属于自己的创新技术、不能创造出属于自己的核心产品、不能因应时势进行产业的升级和改造,那么它们在国际产业分工中的地位定会不断下降。如果固守依靠廉价劳动力在全球产业链中竞争的理念而不求变革,最终有可能被知识经济时代所抛弃。

最近几年出现的珠三角"民工荒"和越来越多工人要求改善薪酬待遇的呼声,都已清楚说明单单依靠超级廉价劳动力、依靠初级加工为主的传统发展模式已经逐渐不能适应目前中国经济和社会结构进一步发展的需要。在 20 世纪 70—80 年代，世界上不少发展中国家都曾面临这样的转型压力。不少拉美国家囿于政治争拗和市场失灵，故步自封，没有成功实现初级制造业和劳动密集型产业的转型，而错失发展时机，引发社会动荡，最终跌入"拉美化"的泥坑。而东亚国家如韩国、日本，在强有力的国家干预和政府扶植下，以较短的时间确定了产业结构升级的目标战略和具体政策，并积极落实，成功实现了从新兴工业国家到发达或比较发达国家的跳跃，保持了政治社会的总体稳定。这其中的反差值得深入思考。

当前，传统的、以依靠廉价劳动力为基础的发展模式所凸显出的诸多问题说明，我国尤其是广东省的发展已经进入了一个关键时刻。进一步加快产业结构调整的步伐、加快社会管理特别是劳动用工和户口管理体制的改革，实现科学发展，当是实现下一步发展目标的重中之重。解决各种新旧矛盾的成败关键就在于能否破除各种阻力、坚决彻底地实现产业结构和社会发展模式的成功升级。政府、社会和劳资双方，都应在这个问题上凝聚共识，共同努力，尽快贯彻落实各项战略决策，实现经济既快又好的良性发展和保持社会的和谐稳定。

◇ 青年一代应直面并超越历史

暮春四月，由陆川执导的抗日战争题材影片《南京！南京！》横扫大江南北，在神州大地上引起普遍的共鸣和回响；这其中，有仇恨，有眼泪，有人性的感悟，也有对民族历史的沉重思考。

影片《南京！南京》通过简单的黑白基调所传递的 1937 年那个冬天的南京意象，将国仇家恨、暴力与爱情、人性的泯灭与觉醒浓缩其间，黑暗、沉重且繁复，无疑触动了无数中国人心灵最深处的那根琴弦。一个灾难深重的民族，如何对待历史？这是一个多世纪以来萦绕在中国人心中挥之不去的疑问。

《南京！南京！》无疑冷静而又残酷地掀开了中华民族历史上最脆弱的伤口，迫使我们去直面那些沉重却又不得不面对的过往，并引发我们对这个问题的新一轮思考。从1895年中国战败于甲午海战到1937年日军在南京的烧杀抢掠，从鸦片战争的隆隆炮响打开中国的海岸线到1900年八国联军攻陷北京，近代史对于中华民族来说实在是太惨烈、太屈辱；而这往往让出生、成长于改革开放年代，成家立业于大国崛起进程之中的中国年轻一代在阅读自己民族历史的时候怀着种种难以名状的不安、逃避、彷徨和不知所措，以至于西方中国学者常常把甲午之后的近现代中华民族的集体认同归结为所谓"受害者心理"，并认为这是解释中国近现代史上一系列内政外交领域的政治与社会现象的关键因素。

以受害者心理为基础的历史观，常常让我们变得脆弱与无助，并渐渐集体失去了直面、正视以及冷静反思历史的勇气——我们的神经变得脆弱，我们的思维有时混乱，我们的脾气变得暴躁，我们集体不高兴，而热血沸腾的激情表达往往取代了对于历史的理智思索和对体现在历史之中的人性的自由探寻。

然而，经验早已表明：一个大国的崛起，往往是以对本民族历史伤痛的重新认识而开端；而大国最终走上怎样的崛起道路，也通常取决于对本民族的历史伤痛以怎样的方式加以认识和再认识。第一次世界大战后，德国社会普遍认为溃败的德意志是旧有国际秩序的受害者，加上战胜国在赔偿问题上的过分高压，使得极端日耳曼民族主义情绪在德国被激化，最后导致了纳粹主义的借机上台。当民主制的魏玛共和国死亡后，德国义无反顾地走上了以极端民族主义为基础、以军国主义扩张为手段的崛起道路，而包括德国人民在内的世界人民在几十年间不得不遭受另一次世界大战的浩劫。第二次世界大战后，再一次战败的德国终于拿出了理性认识历史的勇气和智慧，用全新的视角反思德意志民族在 20 世纪的两次战争创痛，最终确立了根除军国主义、建设市场经济、建立现代政治文明等制度层面的基本国策，并在短短的二三十年里重新跻身于世界先进国家俱乐部，不但成为欧洲一体化的发动机之一，而且成为保卫世界和平的重要力量。

面对一百年来的历史创伤，《南京！南京！》好就好在用既直接又深刻的方式为我们提供了一个以新的角度认识历史的机会和窗口——它没有简单地渲染屠杀的残酷或者战争的暴虐，甚至没有单纯地用受害者与加害者的二分法来讲述历史；相反，它从历史的维度，从人的角度，让我们有勇气在人性的层面上正视中华民族曾经在历史上经受过怎样的凌辱，每一个平凡的中国人又怎样在这过程中用各自的方式抵抗侵略与互相支援；以及无数个人的良知、道德与灵魂，如何在战争的血与火中被拷问、被淬炼，并被升华。但更重要的是，它促使我们冷静思考，为了避免历史在未来重演，我们的民族在 21 世纪究竟应该选择怎样的崛起道路、建设一个怎样的现代文明国家，以及如何用制度确保我们和我们的孩子都能永远生活在和平幸福之中。

因此，正视历史是摆在当代中国青年一代面前的重大课题。这里，我们既需要直面历史的勇气，更需要有大智慧的历史观。处于历史上受害者一方的我们，在被血腥、残酷而屈辱的画面集体震撼的同时，不妨有更深层次的思考：打败我们的是谁？我们为什么输？我们怎样才能赢？1895 年中国在甲午海战战败后，我们的先辈曾在巨大的历史屈辱下保持了十分清醒的头脑，提出了"以日为师"的口号。

一个坚强的大国,在被敌人暂时打倒之后,不是自怨自艾,也不是以受害者的心态培育极端民族情绪,而是动员国民,特别是知识阶层,要开动脑筋,向强大的敌人学习:学习他们的先进科技,学习他们的现代文化,更要学习他们制度中有益于我们自己的文明成果……甲午之后的"以日为师"运动是我们的前辈对甲午战争进行冷静的历史反思的结果,它实实在在地促成了中国在20世纪之交文化、实业、社会和制度各个层面现代化运动的开端。

作为21世纪的中国年轻一代,直面历史的目的无疑在于超越历史。面对历史的伤痕,我们不仅仅需要简单的情绪宣泄或者热血沸腾,更需要在科技、文化、制度的层面寻找民族屈辱的原因,并因此坚定对我们已经选择的道路的强大信念。对民族的集体伤痛与屈辱的反思,对于民族历史有智慧的正视,将成为中国在新的世纪腾飞的新起点,也将会成为所有中国人自尊、自信和自强的最坚固的精神基石。1937年的南京所留给我们的,不会尽是伤痛,而会是青年一代建设一个更加富强、民主、文明的美好中国的信心和决心。

索 引

阿拉伯之春　6，7，17，52，107，130
艾德蒙·伯克　92
安东尼奥·葛兰西　132
安全生产　166-168
奥巴马　7
保送制度　153
本地社群网络　20
表意力量　134
不稳定因素　8，13，18，76，94，128，162，164-168，176，181，184，192
不稳定征候　168，171，173，176，180，182，183，184
财政资源　93，97，186，202
参与式治理　10，11，16，85，88，89，91，92，101-103

参政议政　59
插花地带　173
查尔斯·蒂利　132
城镇化　3，4，69，172
村民代表会　10，11，16，32，33，79，80，83-86，88-91，98，101-105，204
村民代表联系制度　103
村民会议　80，81，85，101
村民委员会组织法　83，84
大学生　12，13，17，131，132，135-140，142-148，151-153，157-159
党的建设　110
邓小平　112，113，125，144，206
敌对势力　146，155，157，174

地方性统筹　94

地主　21，36

第三世界　7

顶层设计　8，9

多元利益模型　195

发展　1－6，8，10，13－18，27，33，34，36－39，41，43，47－50，52，55，57，59，63，68，75，85，92，97，106，109，112，113，117，119，137，147，151，153，162，163，172，176，178，180，181，192，195，196，198，200，203－208，214

发展型国家　92

发展中国家　4－8，15，18，162，166，200－203，208

反对力量　8

反体制青年运动　17

反体制群众运动　52

反体制学生运动　131

非政府组织　17

分离主义势力　6

改革　2，5，9，10，14－17，19－26，29，36，38－40，46－50，53，56，57，59，63，68，72，75，79－81，84－86，88，91－94，97，98，100－105，108，109，112，113，119，125，137，143，149，152，159，163，165，196，200，203－209

高等职业教育　151

高度适应性　6，10，14，15

革命化农村干部　21

革命历史　144

公共安全　163，167，168

共产党员的先进性　145

规训力量　134

规训式权力　134

国家暴力　132

国家的"弹性"　9

国家的"刚性"　9

国家基本政治秩序　3，6－10，13－15，18，24，53，67，78，80，104，107－109，112，113，117，118，123，128，129，133，159－163，166，191

国家能力　4，6，16，190

国家社会二分法理论模型 195
国家失能 4，52
国家文化格局 5
国家意识形态机器 134
国家政权结构 13
国家总体政治 4，152
合作化 81
互联互访 178
互联网革命 6
积案化解基金 186，187
基层民主选举 16
基层社会面管理和防控体系 13
基于乡土之情的道德义务 41
激进伊斯兰宗教势力 6
集议制度 80，81，83，84，102
家族世仇 37
价值体系 5，8
接地气 193，197
街头政治运动 7
经济环境 2，15，24，105，146
精细规训控制 134
卡尔·马克思 5
可持续性 107，108，206
恐怖主义势力 6
扩招 151

拉美陷阱 2
理论化 193
利益格局 2，161–163
利益关系调整 4
利益诉求 4，8，17，90，101，162
联产承包责任制 16，49，81
联合排查调处小组 183
两学一做 145
列宁 38，110，111
留学生 114
路易·阿尔都塞 133，134
马克斯·韦伯 80
毛泽东 3，25，38，46，109–112，125，135，143，144，151，154，159
矛盾调处 176，187
矛盾论 110，112
米歇尔·福柯 134
民主党派 61，64，114，119–121，123，124
民主化 7，19
民主监督 56，75，77
民主咨商 47
敏感期 154–158，184

索 引

敏感事件　155，174
茉莉花革命　146
内生动力　20
内生力量　50
农业税　16，36，40，95，97，104
裴宜理　108，195，196
齐泽克　146
强制力量　134，188，192
青年社群政治能量　17
去政治化的政治　147
权力话语　116
全能主义模型　195
全球化　5，6，17，105，147，204
群体性事件　18，166，169，171，174，176，178，179，184，185，187－190，192
群众工作　113，173，189－192
群众路线　58，191
群众运动　4－6，12，17，25，38，52，81，136，137，143
人口管理　176
人民公社　16，18，49，50，80，81，90，92，94，97，100，105
人民政协　10，11，45，52－58，61，63－65，67，72－75，77，78，121
认受性　4，19，23，49，50，52，56，102，133
日常政治　4，13，38，54，55，67
上层建筑　6，137
社会结构变局　8
社会经济功能主义　92
社会矛盾　2，90，136，162，163，176，180－188，190－192
社会面管控　161－172，174－182，184－192
社会形态　3，15
社会主义式恩庇网络　100
社会组织形态和生活方式　3
社情管控　176
社区权威　51
社群领袖型企业家　37，38，49
社团　108，149－151，153，156，158
身份认同　44，49
失败国家　8

实践性　198，199
实事求是　143
世代固化　2
市民社会　2，17，197
适应性　50，107，108，197
双重治理系统　83
税收型政府　80
说事　103
特朗普主义　7
体制转型　2，49，52，79
替代性政治共识　52
田野　4，7，12，20，24，35，43，50，78－80，92，105，161，164，169，171，193，196－198
统一战线（统战）　10，11，54，56，58，59，64，107－116，118，119，121－123，125，127－129
统一战线工作部（统战部）　59，60，119，127
统治联盟　53
突发事件　8，75，141，149，154，155，165，168，169，174－176，188，190－192
土地争议　169，172，173

退伍军人　37
外部性　105
文化霸权　133
稳定　3－5，7，8，12－15，18，78－80，104，107，128，129，131，133，138，141，145，149，154，159，160，162，178，183，200，201
稳定性　6，18，107
无产阶级　38，92，112，116，138
"五大员"　185
武装斗争　110
吸纳性政权制度　53，55
现代化　1，3－6，10，16，52，56，92，105，112－114，117，131，134，159，161，163，165，201，202，205－207，211
现代化社会　3，14
乡绅　21，80，81
乡土社会　21，25
香港　13，17，66，104，131
小康　2，21
校园权力结构　135

协商民主机构　54

协商能力　53

心理卫生监测　148

新媒体　12，17，114

新社会阶层　10，19，24，26－29，33，47，50，114，117－119

新乡村政治　46

新兴的社会力量　20

新型农村党支部书记　20

信访　166，183－185，189

信息化　3，17

行动裕度　4

选调生　154

学生党员　142，145，153

学术殖民主义　196

学习适应能力　16，50

学习型政权　14，15，18，24

学业会商　147，148

寻租行为　43

压力团体　5

颜色革命　6，7，12，17，52，107，120

一肩挑　84

一票否决制　166

一事一议　101，102

意见领袖　55，67，115

意识形态　5，11，16，17，19，20，28，46，52，54，63，113，116－118，127，128，131，133，135－137，143－147，169

意识形态教育课程体系　144

应急管理　17

应急响应　176，178

舆论引导　157

预防性管控　9，12－14，18，162－164，168，190

在地性　36，198，199

政权安全　9，13，14，54，107，108，129，163，166，176，213

政权建设　8－10，12，18，109，111，112，116，128

政权失能　16

政权吸纳　9，10，28，53－55，64

政商关系　35

政治安全　167

政治参与　8，78

政治大联合　11，107，109，112，113
政治动员　143
政治辅导员　138，140，141，158
政治国家　5，6，8，12，14，147
政治话语　5
政治冷感　147，152
政治凝聚力　118
政治同盟　11
政治团结　110，123
政治稳定　1，3－5，7，9，11，13－15，18，23，53－55，107－109，112，128，132，136，157，161，165，166，168，169，172，174－178，181，191，192，213
知识分子　58，67，105，116，117，119，122，125，126，151
执政党　16，20，21，23，24，53，78，84，92，105，107，108，113，118，128，142，153，161，163
指挥链　165

制度化的跨境协作　180
制度化跨境协作　176
制度性规则　134
制度主义　108
制度资源　101，106
治理模式　103－105，135，204，205
治理水平　6
治理体系　8，81，100－105
致富能人　10，11，15，19，20，22－29，32，33，35，39－41，45－50，97
中产阶级　3，16，50
中国方案　9
中国共产党基层组织　15，20，29，31
中国故事　1，3，4，7，10，107，193，198
中国化　198，199
中国奇迹　1，206
中国研究　23，163，193－198
中国政治运行实践　15
主流理论范式　195
主流意识形态　4，67，134，147
资源基础　5

资源控制　152

自我革新与展拓　9

自主性　198，199

"总理"　35

综合政权组织　81

租利分配型政府　80

后　　记

　　这本书汇集的是我自 2005 年以来在中国城乡基层所进行的田野调查研究的成果。2001 年秋，我从北京大学国际关系学院毕业、进入美国哈佛大学政府系（Department of Government）攻读博士学位。在 2003 年通过博士资格综合考试后，又经过约两年的时间完成了博士论文大纲和预答辩。2005 年秋季，我有幸获得哈佛大学费正清中国研究中心（Fairbank Center for Chinese Studies）所提供的慷慨资助，同时也是继承几代哈佛中国学子的优良传统，打起背包回到中国农村，开始进行深入细致的田野调查研究；从此，我的人生便与中国基层政治的研究结下了不解之缘。

　　我在哈佛大学完成的博士论文探讨中国基层政权对经济社会变革的适应性问题。经答辩，该论文于 2008 年 12 月底获得评审委员会一致通过。之后，我即于 2009 年 1 月加入香港大学政治与公共行政学系任教。有赖于香港大学和香港特别行政区研究资助局所提供的优越研究条件，以及在许多前辈学人和各级领导同志的大力支持下，我得以在参加工作后仍继续行走于中国城乡基层社会，以社会科学学者的特有目光对处于大时代中的中国政治和社会进行深入观察、了解和分析。我的研究场域从博士生时期的华北一隅扩展到华北、华东、华南和西南地区的不同地、市、县，研究范围也从攻读博士学位期间所聚焦的中国共产党基层领导机构，大幅扩展到组成我国基层政权的诸种元素（包括组织系统、统战系统、政协系统、政府系统、公安系统、法院系统、社会保障系统、教育系统等不同战线），对中国社会和政治的认知和体察也更加丰富和全面。这些可遇而不可求的研究条件，是我能够对当代中国政治——特别是政治稳定和政权安全问题——进行深入学术研究的基本前提。

21世纪初期的政治学科，早已经进入较为成熟的实证科学阶段。政治学家们对各自研究对象的探索，不可能再仅仅局限于书斋之中；空中楼阁式的闭门造车已经是当代比较政治学者的"死亡之吻"。走入广阔的实践和田野，既是新的学术标准的召唤，也是探索政治世界客观规律的必由之路。因此，我非常庆幸在学术生涯的第一个十年，就能够得到如此多领导、师长和朋友的鼎力相助，使我不但能够进入中国政治田野研究的大门，而且能在不同一般的深度和广度上深入审视中国政治在实际生活中的运行形态和规律。那些在档案馆里度过的日子、那些在田间炕头的访谈、那些与中央和地方官员在不同场景下的坦诚交流，都为我的学术研究提供了最丰富的素材和最宝贵的养分。我想，若没有这十多年来在中国基层社会的浸润，没有行走于中国田野的经历，我的一切关于当代中国的研究都将只能是空想和纸上谈兵，成为"无源之水""无本之木"，决然无法反映出我们国家在这个伟大时代里复杂多面而又精彩纷呈的政治实践。虽然由于种种客观限制，我不能在此逐一列出过去十年间每位曾给予我帮助的领导、师长和朋友的名字，我对他们永远心存感激、铭记不忘。

在本书简体中文版即将出版之际，我首先要感谢我的博士导师裴宜理（Elizabeth J. Perry）教授。裴宜理教授不但在十五年前带领我逐步走上比较政治学研究的大道，而且言传身教，鼓励我进行立足田野的中国政治研究，用严格的标准和广博的视野为我指点出第一流学术的门径堂奥所在。我亦要特别感谢北京大学袁明教授、许振洲教授、潘维教授，中国社会科学院于建嵘教授、陆雷副研究员，国务院发展研究中心赵树凯研究员和华东理工大学董国礼教授长期以来对我学习、研究和田野调查研究工作的关怀、指导与大力支持。可以说我学术生涯中的每一步，都是在他们无私的指点、提携和帮助下才走过来的。借此机会，我谨向各位师长致以最真挚的敬意和谢意。

同时，我特别要衷心感谢中国社会科学出版社赵剑英社长对于本书简体中文版出版以及本人学术工作的亲切关怀和厚爱。如果没有赵社长的大力支持，本书在如此短的时间内即能与广大内地读者见面几乎是不可想象的事。衷心感谢中国社会科学出版社编辑赵丽博士为本书简体中文版出版所付出的巨大心血。我亦要衷心感谢三联书店（香港）侯明总编辑和顾瑜博士对本书简体中文版出版所给予的协助。

本书汇集的田野调查研究，原文都是用英文写就，部分内容曾在不同国际期刊上发表过；我在香港大学的研究助理刘东舒、李嘉、梁继平、江维康、李泽昊、陈昊瀚、洪沁和陆赵郢等参加了整理、翻译和核对这些英文原稿的工作，给我以极大帮助。在过往十余年田野调查研究中，赵超英、翁鸣、李秀华、王建民、姚增祥、邓辉等地方领导同志都曾以不同形式给予我重要帮助。在不同阶段的田野调查研究中，我的学生研究助理李嘉、江维康、薄天元、袁其昌和陈亚川等都曾出色协助我的实地调研工作。我在香港大学指导的博士研究生夏璐（现任教于中国人民大学）、周凯（现任教于上海交通大学）、辛格（现任教于上海财经大学）及在读博士生陈瀚谕也在研究生院异常紧张和繁忙的学习生活中为我承担了不少联络协调工作，并参加了在不同地点和不同部门进行的田野调查研究。我谨在此向上述各位表示最衷心的感谢。当然，毋庸赘言，本书中任何观点及材料上的错漏均完全由我本人负责。

根据香港大学研究伦理审查部门相关要求，本书中所有涉及的真实人名、地名等都使用化名代替，注释中所有可能涉及上述信息的内容也都进行了技术处理。对此可能引起的阅读上之不便，谨向读者朋友们表示歉意。

2016年，我经批准从香港大学学术休假一年，有幸在哈佛燕京学社（Harvard Yenching Institute）资助下回到母校哈佛大学访问。在访问期间，我得以从繁忙的日常教学、科研、行政工作和社会活动中暂时脱离出来，有充裕时间对十余年的田野调查研究工作进行深入思考，并将形成的文稿整理成书，呈献在读者朋友们面前。在这里，我亦要衷心感谢哈佛燕京学社和香港大学的相关安排，以及学社职员在我访美期间所给予的照顾和帮助。

由于本人的学识和水平均属有限，本书中仍然存在的问题，尚祈广大读者不吝指正，以待将来修订。

阎小骏

2017年10月于香港薄扶林